Singen, spielen, kreativ sein

rund um Tiere

33 Kurzprojekte für 4- bis 6-Jährige

Verlag an der Ruhr

Impressum

Titel der amerikanischen Originalausgabe:
Sing! Play! Create! Hands-On Learning for 3- to 7-Year-Olds.

Titel der deutschen Ausgabe:
Singen, spielen, kreativ sein rund um Tiere.
33 Kurzprojekte für 4- bis 6-Jährige

Autorin: Lisa Boston

Illustrationen: Sarah Cole

Übersetzung aus dem Amerikanischen: Rita Kloosterziel

Bearbeitung für Deutschland: Verlag an der Ruhr

Druck: B.o.s.s Druck und Medien GmbH, Goch

Verlag: Verlag an der Ruhr
Alexanderstraße 54 – 45472 Mülheim an der Ruhr
Postfach 10 22 51 – 45422 Mülheim an der Ruhr
Tel.: 0208/439 54 50 – Fax: 0208/439 54 239
E-Mail: info@verlagruhr.de
www.verlagruhr.de

ISBN 978-3-8346-0241-1

Die Schreibweise der Texte folgt der neuesten Fassung
der Rechtschreibregeln – gültig ab August 2006.

Widmung

Für meine Kinder, Janice und Shaun, und meinen Mann, Aric.
Ich liebe euch!

Danksagung

Ich möchte meinen Eltern, Frank & Carol Hunter, für ihre Liebe und aktive Unterstützung danken; Gymboree Play and Music dafür, dass es mir die Freuden und die Bedeutung der Musik und des Spiels nahebringt; Aric, Janice und Shaun für ihre moralische und endlose technische Unterstützung; allen bei CSGT für ihre Bereitschaft auszuhelfen, vor allem Penny Liberman und Laura Beals, meinem Team für Qualitätskontrolle; Alix Liberman für ihren Enthusiasmus; Williamson Publishing dafür, dass dieses Buch wahr werden konnte, und allen Eltern und Kindern, bei Gymboree und World Discoveries.

Inhalt

Singen, spielen, basteln – und sofort loslegen!

Dies ist ein Buch für ErzieherInnen, LehrerInnen, Eltern, BetreuerInnen, BibliothekarInnen und vor allem für Kinder. Sie können damit Ihren Kindergartentag zu einem Lernerlebnis machen, Ihren Unterricht abrunden, die Geschichtenzeit bereichern, Kreativität im Alltag fördern, einen Regentag aufhellen, ein Erlebnis mit Tieren aufgreifen, das Motto einer Geburtstagsfeier weiterspinnen und bleibende Erinnerungen schaffen. Das Wichtigste ist: einfach anfangen!
Als Lehrerin und Mutter habe ich viel Zeit mit kleinen und großen Gruppen von Kindern verbracht und habe dabei entdeckt, dass die folgenden Tipps mithelfen, die Aktivitäten zu einem schönen Erlebnis zu machen.

So einfach wie möglich!

Für alle Aktivitäten in diesem Buch benötigen Sie nur Gegenstände, die leicht zu beschaffen sind. Lesen Sie sich die Aktivität durch, und legen Sie sich die notwendigen Materialien zurecht, bevor Sie mit einer Bastelarbeit oder einem Spiel beginnen. Sie können auch Materialien auf der Liste durch Sachen zu ersetzen, die Sie zur Hand haben. Vielleicht richten Sie eine Kiste mit Spiel- und Bastelmaterialien ein (S. 10), sodass Sie für jede Spielezeit und jede Gelegenheit zum Basteln gerüstet sind.

Bei den meisten Materialien für die Spiel- oder Bastelprojekte können Sie variieren. Für eine Aktivität wird vielleicht Malfarbe genannt, sie könnte aber auch mit Collagen, Farbstiften oder Filzstiften durchgeführt werden. Jede dieser Techniken regt die feinmotorischen Fertigkeiten, die Auge-Hand-Koordination und das sensorische Bewusstsein an und fördert sie. Lassen Sie also Ihrer Kreativität freien Lauf und probieren Sie, ein und dasselbe Projekt mit unterschiedlichen Methoden zu verwirklichen. Das gilt genauso für die Arbeitstechnik: viele Bastelarbeiten werden getackert. Wenn Ihre Kinder noch nicht mit diesem Gerät umgehen können, benutzen sie Klebstoff oder Klebeband.

Ganz wichtig: Spontaneität und Spaß!

Richten Sie sich nach den Bedürfnissen und Interessen des Kindes. Bei einem kleinen Kind kann es passieren, dass es anfängt, Papier für eine Collage zurechtzuschneiden, und dann den Rest des Tages damit verbringt, Papierbögen in kleine Stücke zu schneiden! Nehmen Sie dieses Verhalten als ein Training der feinmotorischen Fertigkeiten wahr, dieses Kind legt eine Grundlage für spätere Lernleistungen. Sammeln Sie die Papierschnipsel in einer Tüte und heben Sie sie für eine spätere Gelegenheit auf. Gleichermaßen sollten Sie dem Kind erlauben, die Führung zu übernehmen, und ihm seinen schöpferischen Willen lassen. Es gibt

nämlich keine „richtige Methode". Der Vorgang, nicht das Endprodukt, steht im Mittelpunkt.
Die künstlerischen Schöpfungen eines Kindes spiegeln seinen Entwicklungsstand wider. Wenn ein Projekt zu schwierig erscheint, wandeln Sie die Anleitungen ab und machen es auf diese Weise einfacher. Oder versuchen Sie es ein paar Wochen oder Monate später noch einmal mit demselben Projekt.

Umgekehrt können Sie einfache Projekte als Ausgangspunkt für größere Herausforderungen nutzen. Bei einem kleineren Kind müssen Sie wahrscheinlich den größten Teil der Vorbereitungen übernehmen (ausschneiden, tackern, zusammenbinden usw.), und das Kind ist vermutlich fasziniert von der Möglichkeit, die Materialien und Verfahren zu erkunden (malen, kleben, anmalen). Drei- und Vierjährige wollen normalerweise alles selbst machen, brauchen aber in Wirklichkeit noch Hilfe. Ältere Kinder sind selbstständiger und verbringen mehr Zeit mit Details, bitten jedoch gelegentlich noch um Unterstützung.

Kleber:

Jüngere Kinder können gut mit Klebestiften arbeiten. Wenn Leim oder Flüssigkleber benötigt werden, können die Kinder damit besser umgehen, wenn er vorab in ein Schälchen umgefüllt wurde. Große Flächen lassen sich gut mit einem breiten Pinsel einstreichen und dann mit den Materialien bekleben. Bei kleineren Sachen nehmen Sie einen feinen Pinsel und streichen damit den Kleber direkt auf die Materialien, die aufgeklebt werden sollen. Wenn die Kinder zum ersten Mal mit Kleber in einer Flasche arbeiten, reduzieren Sie die austretende Klebermenge, indem Sie die Öffnung im Deckel entsprechend anpassen. Lassen Sie die Kinder dann nicht aus den Augen, denn ein Kind neigt von Natur aus dazu, diese neu erworbene Fähigkeit ausgiebig zu trainieren und dabei die ganze Flasche leer zu machen!

SICHERHEIT

- Überlegen Sie bei jedem Kind, ob es in der Lage ist, sicher mit Schere, Tacker und Locher umzugehen.
- Denken Sie an die Kinder, die dazu neigen, sich Sachen in den Mund zu stecken. Sichern Sie die Materialien entsprechend.
- Suchen Sie für alle Spiele eine sichere Umgebung aus.
- Lassen Sie die Kinder nicht unbeobachtet. Beim Basteln und Spielen sollten Sie besonders aufmerksam sein.
- Schützen Sie Arbeitsflächen mit Plastiktischdecken oder Zeitungen. Halten Sie Papierhandtücher bereit für Pfützen und schmutzige Finger.
- Verwenden Sie auswaschbare, ungiftige Materialien. Eine Schürze oder ein altes Hemd schützen die Kleidung.

Schere:

Kleine Kinder sollten grundsätzlich eine Kinderschere benutzen. Investieren Sie in ein qualitativ hochwertiges Exemplar, das sowohl Rechtshänder als auch Linkshänder benutzen können. Testen Sie selbst: Wenn es Ihnen schwerfällt, mit der Schere umzugehen, ist das für ein Kind fast unmöglich!

Kleine Kinder haben normalerweise noch nicht die feinmotorischen Fähigkeiten, die nötig sind, um eine Schere mit einer Hand zu führen. Anfangs sollte das Kind die Schere mit beiden Händen halten, eine hält den oberen, eine den unteren Griff. Helfen Sie ihm, und halten Sie das Papier straff, während es schneidet.

Materialien für Collagen:

Zur Kunst der Collage gehören Kleber, Schere und Collage-Materialien. Collage-Kunstobjekte sind so einzigartig wie die Materialien, aus denen sie gefertigt sind. Für jedes der Collage-Projekte werden Materialien vorgeschlagen, doch diese Vorschläge können Sie immer abwandeln. So schlage ich z.B. vor, den Hahn auf Seite 100 mit Federn zu bekleben. Wenn Sie keine Federn haben oder andere Materialien vorziehen, improvisieren Sie, vielleicht mit Filz- oder Tapetenstückchen oder mit Zweigen, die Sie draußen aufsammeln.

Nehmen Sie sich Zeit!

Kinder werden so schnell groß! Nehmen Sie sich die Zeit, jede Phase im Leben eines Kindes zu genießen, sich daran zu freuen und davon zu erzählen. Meine Hoffnung ist, dass Sie mit den Aktivitäten, die Sie hier finden, Erinnerungen schaffen. Wenn die Kinder größer sind, erinnern sie sich vielleicht nicht an die Basteleien, an die Spiele oder an alle Liedtexte. Aber sie erinnern sich gewiss an das schöne Gefühl, wenn man sich Zeit füreinander nimmt.

Viel Spaß!

Wie sind die Projekte aufgebaut?

Jedes Projekt stellt eine vollständige Einheit dar, mit Lied, Bastelvorhaben und Spiel sowie einer Zeichenaufgabe für die, die mögen. Suchen Sie sich Aktivitäten aus, und führen Sie sie in beliebiger Reihenfolge durch. An einem Tag suchen Sie vielleicht nach einer kleinen Bastelei, an einem anderen Tag vielleicht nach Aktivitäten für einen ganzen Nachmittag. Sie können die Projekte in einen thematischen Zusammenhang stellen oder das Projekt aussuchen, das das Kind am meisten interessiert.

Komm, wir singen!

In diesem Abschnitt finden Sie Gedichte und dazu passende Bewegungsanregungen. Ich schlage Melodien traditioneller Kinderlieder vor, nach denen Sie die Gedichte singen können. Wenn Sie die Melodie nicht kennen, denken Sie sich selbst eine aus, oder singen Sie die Worte zu einer anderen Melodie, die Sie kennen. Alle Gedichte können auch als Sprechgesänge aufgesagt werden.

Kinder lernen durch Wiederholung; wenn Sie also neue Lieder, Reime oder Sprechgesänge einführen, sollten Sie sie mehrere Male wiederholen.

Singen Sie auch Lieder aus vorangegangenen Projekten. Ich singe beim Basteln gern zwei oder drei Lieder. Auch in der Erzähl- oder Vorlesezeit können Sie zwischen Vorlesen und Singen wechseln.

Komm, wir basteln!

Hinter den Gestaltungsangeboten für die Kinder stehen verschiedene Ziele: eine Reihe von Kunstmaterialien kennenzulernen, die Vorstellungskraft zu schulen, feinmotorische Fertigkeiten zu fördern und Spaß zu haben. Es geht nicht darum, ein genaues Abbild eines Hahns, einer Ente oder Giraffe zu schaffen.

Freuen Sie sich über Projekte, auf die das Kind stolz ist, und lassen Sie das Kind sein Kunstwerk erläutern. Genießen Sie die Freude des Kindes an seinen Leistungen, und teilen Sie die Freude mit ihm.

Komm, wir spielen!

Spiele fördern körperliche Aktivität und bieten Gelegenheit zu sozialer Interaktion und Kooperation. Wiederholungen sind wichtig, damit sich die Kinder mit dem Ablauf eines Spieles vertraut machen können und das Meiste dabei herausholen können.

Bei den Spielen geht es nicht um Punkte, Sieger und Verlierer, sondern sie sind so gestaltet, dass die Kinder sich gegenseitig anfeuern. Die Spiele lassen sich leicht für kleine oder große Gruppen anpassen.

Komm, wir zeichnen!

Viele Zwei- bis Dreijährige sind in der Lage, eine Krakellinie auf ein Blatt Papier zu zeichnen und sich vorzustellen, dass es der Vogel ist, den sie vor ihrem geistigen Auge gesehen haben. Für sie ist es keine große Sache, einen Stift in die Hand zu nehmen und mit erstaunlichem Selbstvertrauen loszumalen. Ermuntern Sie sie, und genießen Sie diese Zeit. Denn die Kinder vervollkommnen zwar ihre feinmotorischen Fertigkeiten, doch die meisten verlieren bald das anfängliche Selbstvertrauen und bekommen das Gefühl, dass ihre Kunstwerke schlecht sind, weil sie nicht „richtig aussehen". In den Abschnitten „Komm, wir zeichnen" werden die Kinder angeregt, die einfachen Formen in Dingen zu erkennen. Auch hier geht es nicht in erster Linie darum, das perfekte Abbild eines Hahns, einer Ente oder Giraffe zu zeichnen. Vielmehr geht es um ein befriedigendes Malerlebnis für das Kind.

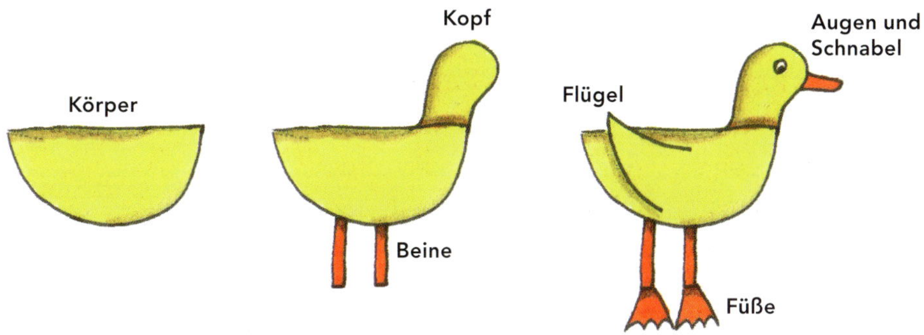

Komm, wir lesen!

Hier finden Sie Buchtipps zu dem jeweiligen Tier. Vom Sachbuch bis zum Bilderbuch, vom Vorlesebuch zum Buch für die Bücherecke ist für alle etwas dabei.

Bastelkiste

In einer Bastelkiste finden sich extra angeschaffte Werkzeuge und Materialien (Klebstoff, Tacker, Tonpapier, Pappteller) sowie jede Menge Fundstücke aus dem Haushalt wie Pappröhren und Eierkartons. Hier ist eine Liste der Dinge, die ich häufig einsetze:

- alte Zeitschriften
- Aufkleber
- Bastelfedern
- Collage-Materialien (Pailletten, Pompons usw.)
- Eierkartons
- einzelne Socken
- Eisstiele oder Bastelstäbchen
- Farben (Plakat-/Temperafarbe, Fingerfarbe, Wasserfarben)
- Filzstifte, Buntstifte, Bleistifte
- Fundstücke aus der Natur (Muscheln, Kiesel, Rinde)
- Heftgerät (Tacker)
- Joghurtbecher mit Deckel
- Klebeband
- Klebstoff oder Klebestift
- Locher (Ein-Loch-Geräte kommen auch in kleinere Ecken)
- Malpinsel (sortiert)
- Papiertüten (verschiedene Größen)
- Pappbecher
- Pappe, Plakatkarton
- Pappteller, am besten weist die Seite, die bemalt werden soll, keine Plastikfolie auf.
- Pappröhren (z.B. von Toilettenpapier)
- Pfeifenreiniger
- Plastiktüten (verschließbar)
- Schraubdeckel
- Schwämme
- Selbstklebefolie (klar)
- Sicherheitsscheren für Kinder
- Stoff- und Filzreste
- Tapetenrollen
- Tonpapier
- Transparent- oder Seidenpapier
- Trinkhalme aus Plastik
- Wachsmalstifte
- Wackelaugen
- Wattebäusche
- Wolle

Spielekiste

Ein paar einfache Sachen und ein bisschen Fantasie können für stundenlangen Spaß sorgen! Hier sind einige Empfehlungen:

- Bälle
- Bohnensäckchen
- Einkaufstaschen aus Papier
- Hula-Hoop-Reifen
- Kegel
- Körbe
- Kurzzeitwecker
- Laken oder Decken
- Plastikflaschen
- Pappschachteln
- Schals
- Socken
- Stofftiere
- Teppichfliesen

Unten am Teich

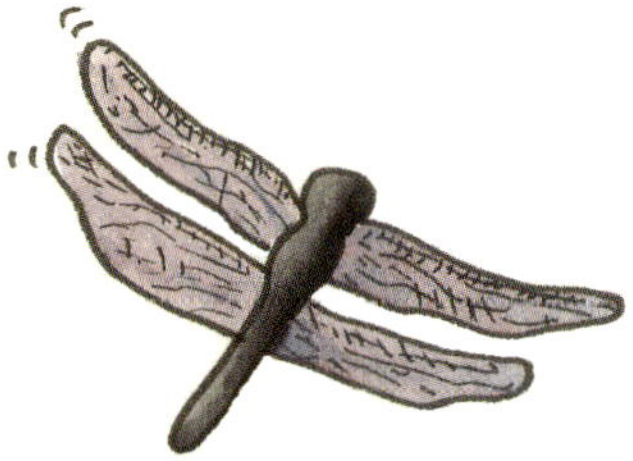

Unten am Teich, an einem sonnigen Tag,
kann jeder das tun, was er gern mag:

Rudern und Fischen und Froschhüpfer machen,
im Entengang watscheln – das ist was zum Lachen!

Mit dem Fernglas auf Entdeckungstour gehen
und Fische, Libellen und Schildkröten sehen.

Hier haben die Tiere ihr eigenes Reich,
wir sehen's uns an, dort unten am Teich.

Spiele am Teich

In einem Teich leben viele Tiere und Pflanzen. Fische schwimmen im Wasser, Insekten fliegen und surren über die Wasseroberfläche. Frösche sonnen sich auf den Steinen und verstecken sich im Schlamm am Rand des Teiches.
Was wirst du in deinem Spielteich sehen? Bau dir ein Fernglas, sieh hindurch, und erschaffe deinen eigenen Teichblick!

Komm, wir lesen!

Meyers kleine Kinderbibliothek: **Der Frosch.**
Bibliographisches Institut, 2007.

Heiderose Fischer-Nagel, Andreas Fischer-Nagel: **Tiere am Teich.**
Findling Verlag, 2005.

Nina Träger: **Kleine Tiere am Teich. Bestimmungsfächer.**
Moses Verlag, 2004.

Komm, wir singen!

Eine Bootsfahrt, die ist lustig

(Melodie: „Eine Seefahrt, die ist lustig" oder Sprechgesang)

Eine Bootsfahrt, die ist lustig,
eine Bootsfahrt, die ist schön,
denn da kann man viele kleine
und auch große Tiere sehn.
Rudert los, rudert los,
rudert, rudert, rudert, rudert, rudert los!

(Setzt euch einander gegenüber, spreizt die Beine, fasst euch an den Händen und wiegt den Oberkörper vor und zurück, als würdet ihr ein Boot rudern.)

Mit dem Fernglas vor den Augen
Haben wir ganz schnell entdeckt,
wenn im hohen Gras am Ufer
sich ein Krokodil versteckt!
Rudert los, rudert los,
rudert, rudert, rudert, rudert, rudert los!

(Mit den Fingern zwei Kreise formen, wie ein Fernglas vor die Augen halten und umherschauen. Dann wieder die Hände des Gegenübers fassen und losrudern.)

Wiederholt das Lied und macht die Ruderbewegungen schneller oder langsamer, je nachdem, welches Tier ihr am Ufer entdeckt. Bei einem freundlichen Wasserfrosch könnt ihr langsam paddeln, bei gefährlichen Tieren müsst ihr schnell wegrudern.

Einfaches Fernglas

Will ich in die Ferne schauen,
kann ich mir ein Fernglas bauen!

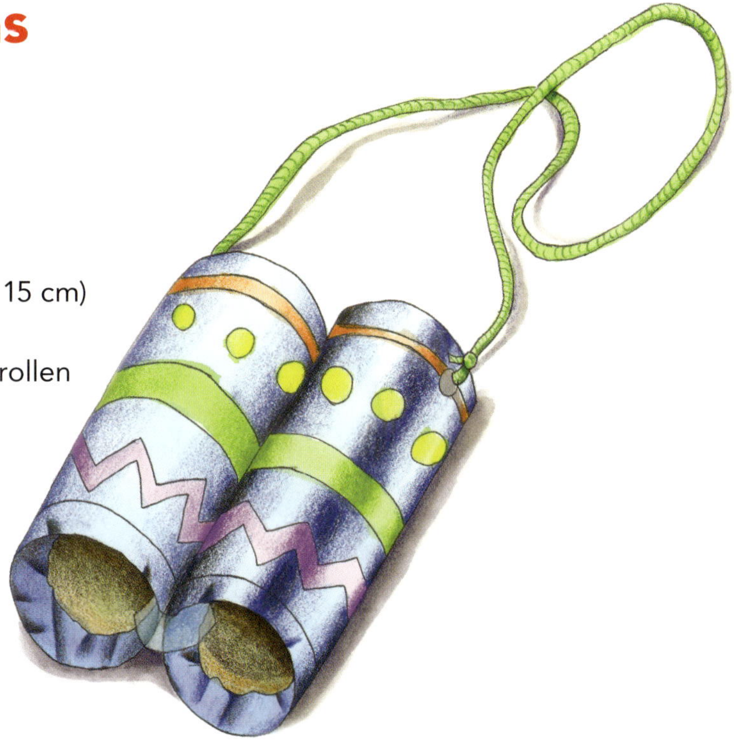

Du brauchst:

- Tonpapier, in zwei Quadrate (15 x 15 cm) geschnitten
- 2 Pappröhren von Toilettenpapierrollen
- Klebestift
- Klebeband
- Locher
- Wolle
- Kinderschere
- Wachsmaler

So geht's:

1. Umklebe jede Pappröhre mit einem Papierquadrat. Die Ränder schneidest du vielleicht etwas ein und faltest sie in das Innere der Röhren. Nun klebst du alles mit Klebeband so fest, dass es nicht verrutscht. Klebe die Röhren an den Seiten aneinander. Klebe die Ränder mit Klebeband zusammen, so wie auf dem Bild gezeigt.
2. Mit dem Locher machst du in jede Röhre ein Loch, und zwar ziemlich nah am Rand. Durch die Löcher ziehst du ein Stück Wolle, sodass du dir dein Fernglas um den Hals hängen kannst.
3. Verziere dein Fernglas mit Wachsmalstiften.

Ich sehe was, was du nicht siehst!

Das müsst ihr vorbereiten:

Teilt eure Gruppe in zwei Hälften. Die beiden neuen Gruppen stehen einander gegenüber. Die Spieler jeder Gruppe stellen sich in einer Reihe nebeneinander auf. Zwischen den Reihen ist ein Abstand von ungefähr 5 Metern.

So geht's:

Die erste Gruppe einigt sich leise auf den Namen eines Spielers aus der anderen Gruppe. Dann sehen sie durch ihre selbstgebastelten Ferngläser und singen: „Ich sehe was, was du nicht siehst, und das ist (der Name des Kindes)." Das aufgerufene Kind läuft herüber und stellt sich zu der ersten Gruppe. Nun sieht die andere Gruppe durch die Ferngläser und wiederholt den Gesang. Das Spiel geht so lange weiter, bis jeder von euch wenigstens einmal die Gruppe gewechselt hat.

Mein Teich

Du brauchst:

- Tonpapier, einen großen Bogen in Grün und Schnipsel in anderen Farben
- Kinderschere
- Filzstifte
- klare Selbstklebefolie
- Aufkleber oder Zeichnungen von Tieren oder Pflanzen im Teich (Fische, Insekten, Frösche, Enten, Schildkröten, Algen und Seerosenblätter)
- blaues Seidenpapier

So geht's:

1. Falte das große Stück grünes Tonpapier auf die Hälfte. Schneide an der gefalteten Seite ein großes Stück heraus, und falte das Papier auf. Nun hast du einen grünen Rahmen, die Mitte des Papiers fehlt jetzt. Auf eine Seite kannst du „Mein Teich" schreiben oder dir dabei helfen lassen.
2. Als Nächstes brauchst du zwei Stücke Selbstklebefolie, die etwas größer sind als das grüne Teichpapier. Bitte einen Erwachsenen, dir beim Zuschneiden zu helfen. Ziehe das Schutzpapier von der Rückseite eines der Folienstücke ab. Dann legst du den Rand des Teichpapiers vorsichtig darauf, sodass die Schrift unten ist. Streiche das Papier glatt.

3. Lege Aufkleber von Pflanzen und Tieren im Teich mit dem Bild nach unten auf die Klebeseite der Folie. Du kannst auch Tiere und Pflanzen auf Reste von Tonpapier malen und ausschneiden.

4. Schneide ein Stück blaues Seidenpapier zurecht, das etwas größer ist als die Öffnung im Teichpapier. Lege es vorsichtig auf die mit Aufklebern verzierte Selbstklebefolie.

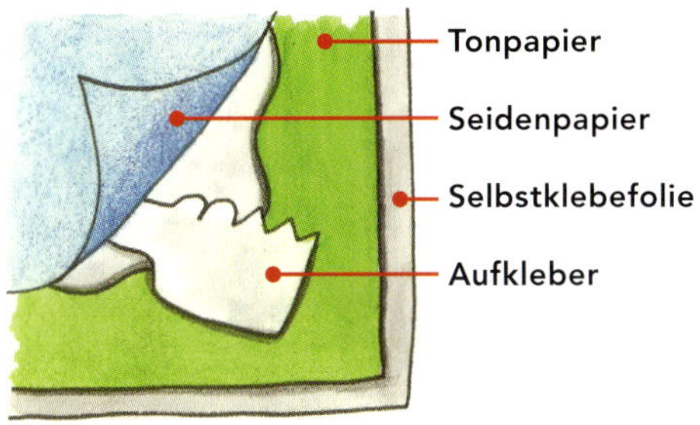

5. Dann ziehst du das Schutzpapier von dem zweiten Folienstück ab. Die Folie wird jetzt auf die Rückseite deines Teichkunststücks geklebt. Bitte einen Erwachsenen, dir zu helfen. Es ist einfacher, wenn einer von euch eine Seite des Folienstückes hochhält und der andere die gegenüberliegende Kante auf das Seidenpapier legt und glattstreicht. Schneide die überstehende Folie ab.

6. Dann drehst du alles um und bewunderst dein Kunstwerk!

Eine Pfütze erkunden

Nimm dein Fernglas und sieh dir eine Pfütze einmal ganz genau an. Bewegt sich da etwas? Siehst du nach einem Regenguss Würmer in der Nähe der Pfütze?
Du wirst staunen, welche Lebewesen du in der Nachbarschaft von kleinen Pfützen finden kannst. Du siehst Vögel, die darin herumplanschen und sie wie ein erfrischendes Vogelbad benutzen. Wenn die Pfütze von der Sonne beschienen wird, male mit einem Kreidestück einen Kreis darum. Dann kommst du nach einer Weile wieder und siehst nach, ob deine Pfütze kleiner oder größer wird oder die gleiche Größe hat wie zuvor. Was ist mit dem Wasser passiert? Wenn du mit einem Erwachsenen zusammen bist, kannst du vielleicht zu einem Teich gehen und dort einen langbeinigen Reiher sehen, der durch das stille Wasser watet, oder eine Libelle, die durch die Luft fliegt. Nimm ein richtiges Fernglas mit, und halte Ausschau nach anderen Tieren.

Hinweis: Bitte behalten Sie Kinder im Auge, die sich am Wasser – egal wie flach – aufhalten, sei es an oder in einem Becken, einer Pfütze oder einem Teich.

Froschiger Spaß

Frösche gibt es in allen Größen. Manche Frösche sind kleiner als 1,25 cm – kleiner als eine 1-Cent-Münze. Manche Frösche sind von Kopf bis Fuß 25 cm lang – fast so groß wie ein Blatt Papier. Die Hinterbeine sind mit Schwimmhäuten versehen, damit sie besser schwimmen können. Außerdem haben Frösche kurze Vorderbeine und lange kräftige Hinterbeine zum Springen. Geh in die Hocke wie ein Frosch, und finde heraus, wie weit du springen kannst!

Komm, wir zeichnen!

Sieh dir die einfachen Formen bei einem schwimmenden oder hüpfenden Frosch an.
Zeichne sie nach.

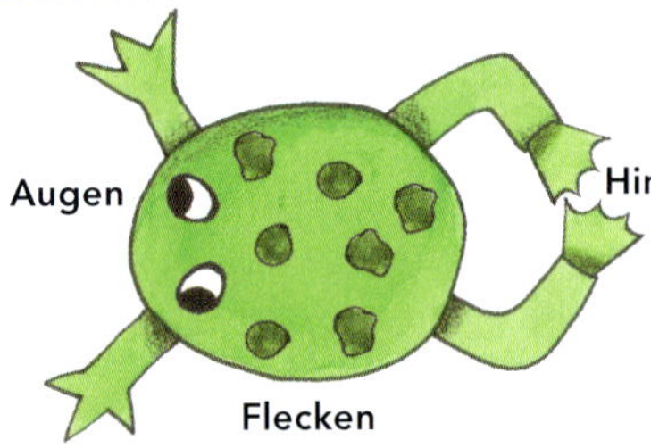

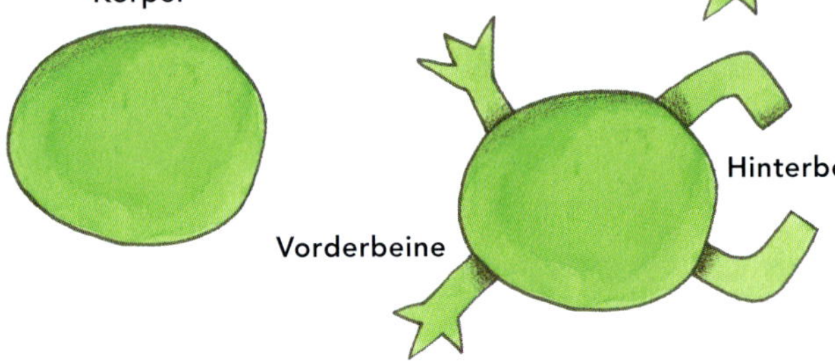

Male deinem Frosch Augen auf. Probiere ein bisschen herum, und male ihn mal im Wasser, mal auf einem Seerosenblatt oder beim Sprung von einem Holzstück.

Komm, wir singen!

Der Frosch

(Melodie: „Es tanzt ein Bi-Ba-Butzemann" oder Sprechgesang)

Es sitzt ein Frosch im grünen Gras
und quakt so vor sich hin,
quak, quak, quak.
(in die Hocke gehen, bei „quak, quak, quak" laut mitsingen)

Es sitzt ein Frosch im grünen Gras
und quakt so vor sich hin.

Er sitzt mal dort, *(weghüpfen)*
er sitzt mal hier *(an eine andere Stelle hüpfen)*
und frisst so manches Fliegentier.
(mit der Zunge nach einer Fliege schnappen)

Es sitzt ein Frosch im grünen Gras
und quakt so vor sich hin.
(wieder still an einer Stelle hocken)

Staffellauf mit Seerosen

Das müsst ihr vorbereiten:

Legt zwei Teppichfliesen im Abstand von 5 bis 7 Metern auf den Boden. Bildet zwei gleich große Gruppen. Jede Gruppe stellt sich hintereinander hinter einer Fliese auf. Das Kind, das den Staffellauf beginnt, legt ein Seerosenblatt (aus Tonpapier) vor sich auf den Boden. Es hält ein zweites Seerosenblatt in der Hand.

So geht's:

Das erste Kind beginnt, indem es auf das Seerosenblatt springt, das vor ihm auf dem Boden liegt. Dann legt es das Blatt, das es in der Hand hält, vor sich hin und springt darauf. Es dreht sich um und hebt das erste Blatt auf, das nun hinter ihm liegt. Auf diese Weise arbeitet es sich zu der anderen Gruppe vor. Das Seerosenblatt in seiner Hand gibt es dem nächsten Spieler. Unterwegs darf dieser nur auf die Blätter treten! Das Spiel geht so lange weiter, bis alle Kinder einmal an der Reihe waren.

Doppelleben eines Frosches

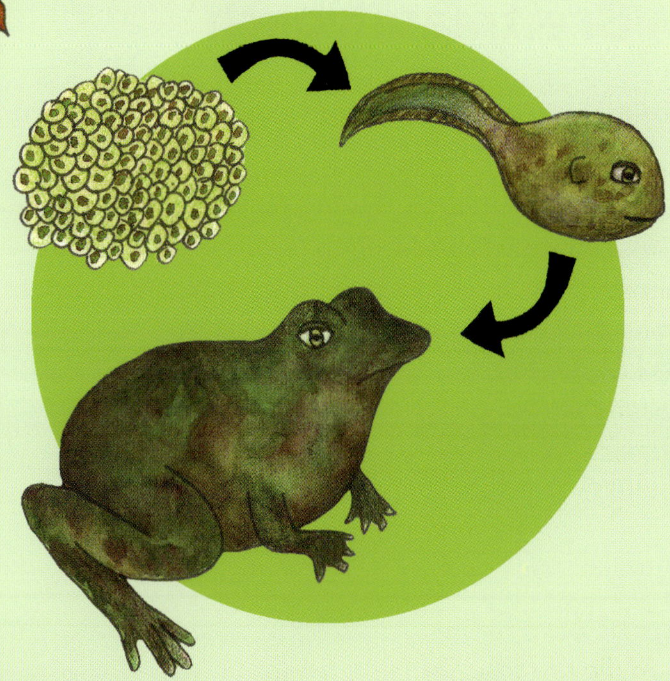

Ein Frosch beginnt sein Leben als winzig kleines Ei im Wasser, zusammen mit vielen anderen Froscheiern. Sie hängen wie eine geleeartige Masse aneinander. Aus dem Ei schlüpft eine Kaulquappe. Die Kaulquappe sieht eher wie ein Fisch als wie ein Frosch aus. Sie hat einen Schwanz und atmet durch Kiemen, genau wie ein Fisch. Wenn sie größer wird, verschwindet der Schwanz. Beine zum Springen und Schwimmen wachsen, und die fischähnlichen Kiemen werden durch Lungen ersetzt, damit der erwachsene Frosch Luft atmen kann – genau wie du! Nun ist der Frosch bereit, an Land zu leben. Frösche sind Amphibien, was „Doppelleben" bedeutet. Dieses Wort beschreibt wunderbar, wie sie leben: Sie verbringen einen Teil ihres Lebens an Land und einen anderen Teil im Wasser oder in der Nähe vom Wasser.

Ein Breitmaulfrosch

Du brauchst:

- Kinderschere
- 2 Pappteller und Reste von Papptellern, Tonpapier oder -pappe
- Tacker
- grüne Malfarbe (z.B. Tempera) in einem Schraubdeckel
- Pinsel
- Filzstift
- Streifen von rotem Tonpapier

So geht's:

1. Schneide den ersten Pappteller in der Mitte durch. Falte den zweiten Pappteller auf die Hälfte. Hefte jeweils eine Tellerhälfte an die Rückseite des gefalteten Papptellers, sodass zwei Taschen entstehen. Male beide Seiten grün an.
2. Schneide aus Papierresten zwei Augen aus. Falte den unteren Rand der Augen zu einem Streifen um, wie auf dem Bild (S. 19) gezeigt. Male mit einem Filzstift die Pupillen auf. Hefte die Augen an den Streifen auf die obere Tasche.
3. Rolle das rote Tonpapier zu einer Zunge auf, und schiebe sie ganz tief in das Maul. Klebe sie fest.
4. Schiebe deine Finger in die Taschen, und öffne und schließe das Froschmaul. Schnelle mit dem Handgelenk nach vorn, und dein Frosch streckt die Zunge heraus!

Baum mit Pfeifenreinigern

1. Schritt

3. Schritt

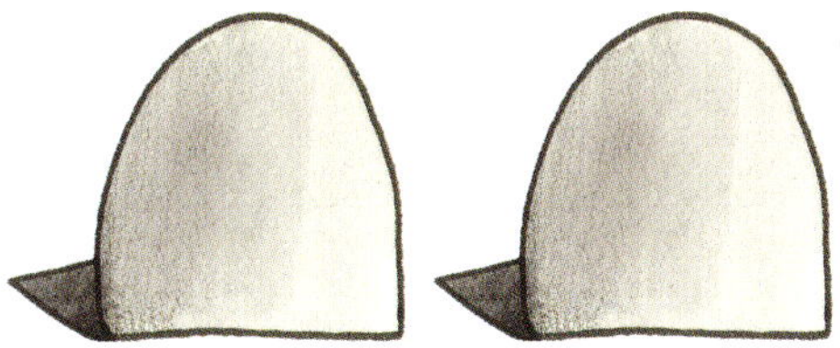

4. Schritt

An vielen Teichrändern wachsen Rohrkolben. Ein Stück vom Ufer entfernt wachsen meistens Bäume. So einen Baum kannst du hier basteln.

Du brauchst:

- Filzstifte
- weiße Pappe oder Plakatkarton
- Kinderschere
- Bleistift
- Pfeifenreiniger

So geht's:

1. Zeichne den Umriss eines Baumes auf Pappe oder Plakatkarton. Male den Baum aus, und schneide ihn aus.
2. Bitte einen Erwachsenen, mit einem Bleistift überall in die Baumkrone Löcher zu bohren.
3. Dann biegst du ein Ende eines Pfeifenreinigers um. Von der Rückseite des Baumes schiebst du das gerade Ende des Pfeifenreinigers durch eines der Löcher. Führe es durch ein anderes Loch wieder auf die Rückseite des Baumes. Lass aber auf der Vorderseite eine kleine Schlinge stehen.
4. Du fädelst den Pfeifenreiniger so lange von einem Loch zum anderen, bis nur noch ein Stückchen übrig ist. Dieses Ende schiebst du durch ein Loch auf die Rückseite des Baumes und biegst es um.
5. Mit anderen Pfeifenreinigern machst du es genauso.

Zarte Libelle

Libellen sind wunderschöne Insekten mit bunt gefärbtem Körper. Sie haben zwei sehr lange Flügelpaare, die sich unabhängig voneinander bewegen wie die Rotorblätter eines Hubschraubers. Dadurch kann die Libelle an einer Stelle schweben, rückwärtsfliegen und im schnellen Flug die Richtung wechseln.
Ganz schön geschickt!
Libellen sind nützliche Insekten, die sich von schädlichen Insekten ernähren, aber keine Leute anknabbern. Was hättest du lieber in deinem Garten – Libellen oder Mücken?

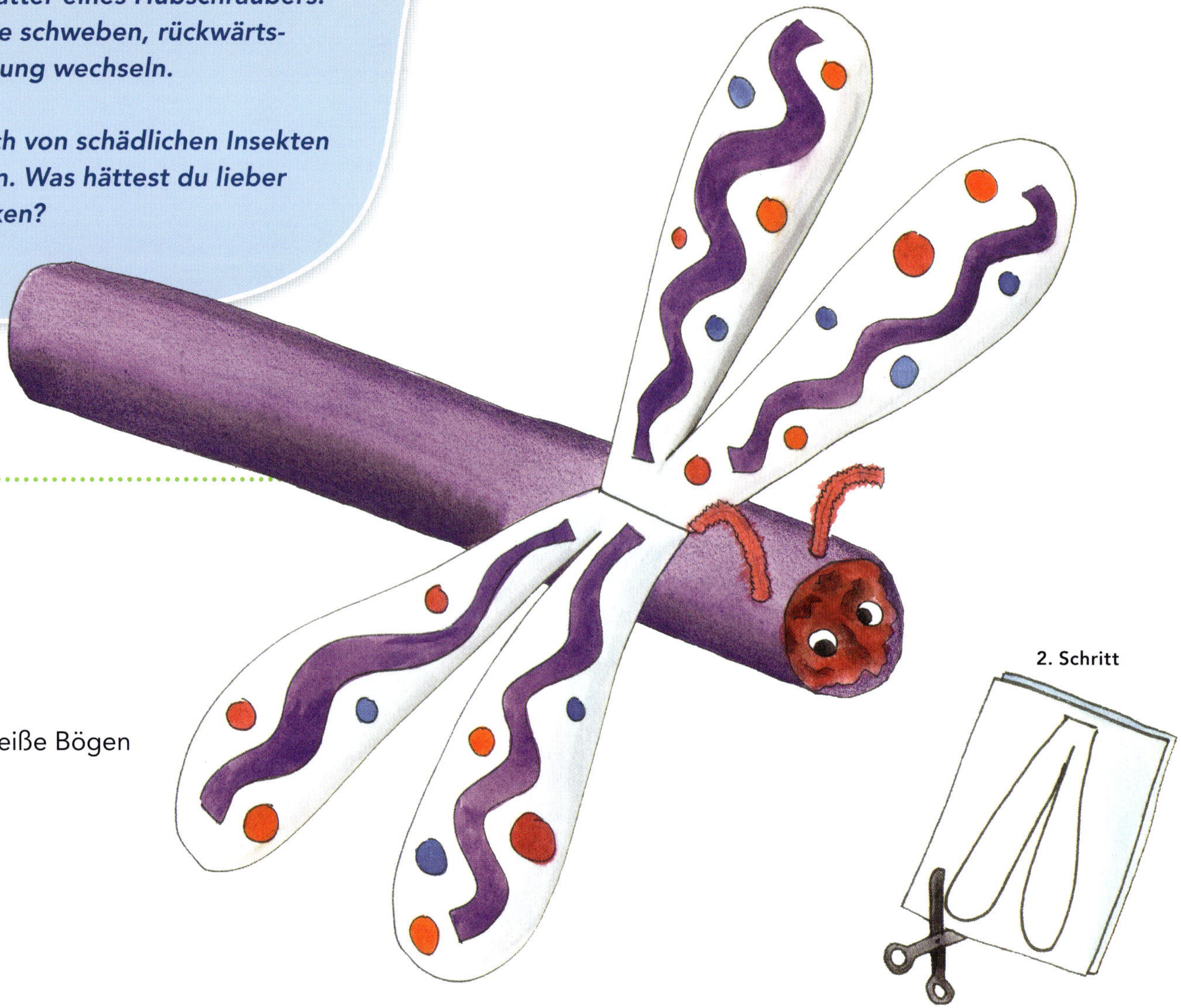

Komm, wir basteln!

Bunte Libelle

Du brauchst:

- Klebestift
- Tonpapier, einen farbigen und zwei weiße Bögen
- Pappröhre (Küchenrolle)
- Kinderschere
- Filz- oder Buntstifte
- Locher
- Pfeifenreiniger
- Seidenpapierschnipsel
- Wackelaugen

2. Schritt

So geht's:

1. Umklebe die Papprõhre mit dem farbigen Tonpapier. Falte die überstehenden Papierränder ins Innere der Röhre.
2. Lege die weißen Tonpapierbögen aufeinander. Zeichne Flügel auf, und schneide sie aus.
3. Bemale die Flügel mit Stiften. Klebe die Flügel an die Papprõhre.
4. Für die Fühler machst du mit dem Locher zwei Löcher in den Rand der Papprõhre. Schiebe Pfeifenreiniger durch die Löcher, und biege die Enden um.
5. Für das Gesicht der Libelle kannst du ein Stück Seidenpapier zu einer Kugel zusammenknüllen und in das Röhrenende schieben. Dann klebst du Wackelaugen darauf.
6. Halte die Libelle am Hinterkörper fest, und bewege sie auf und ab, sodass die Flügel flattern. Dazu singst du das „Lied der Libelle" (S. 22).

Komm, wir zeichnen!

Sieh dir die einfachen Formen einer Libelle an.
Hast du Lust, sie nachzuzeichnen?

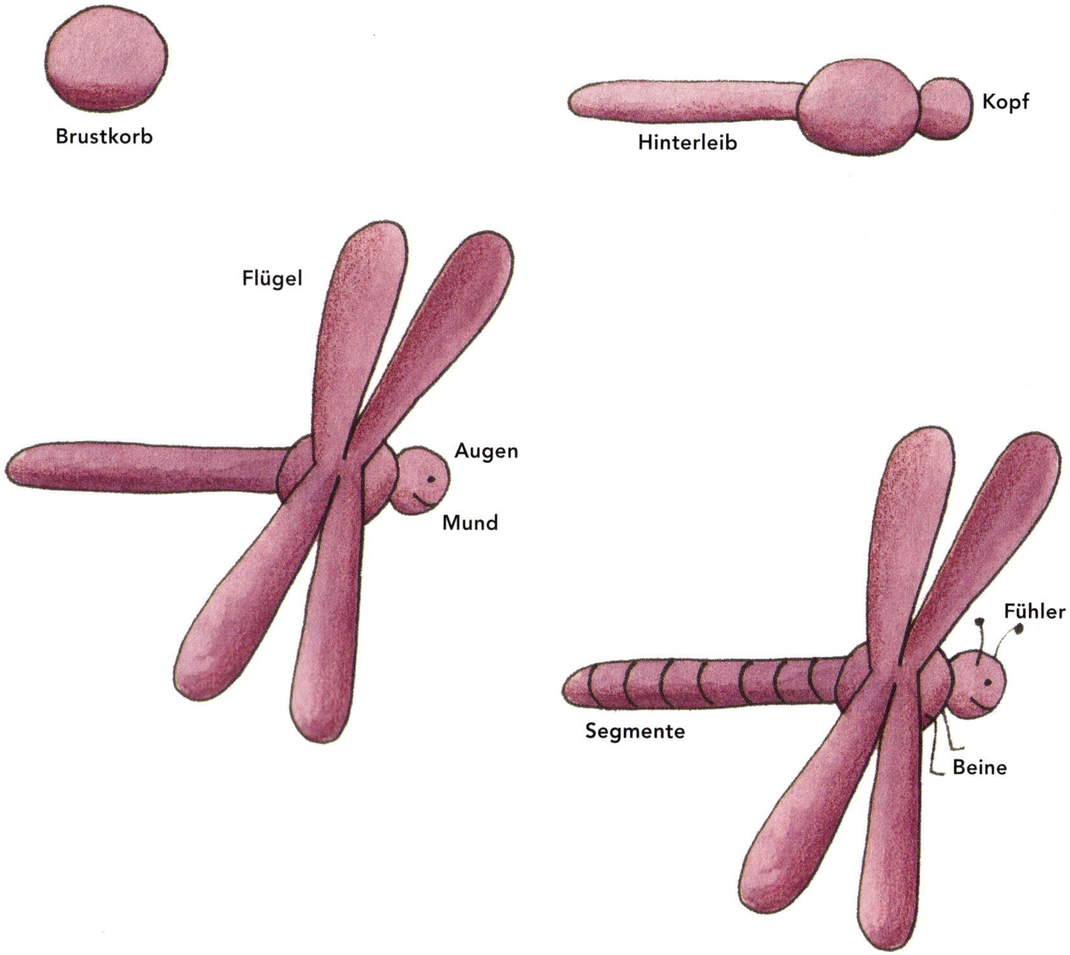

Versuche, die Flügel in unterschiedlichen Formen und Positionen zu zeichnen. Zeichne Punkte oder Linien hinter der Libelle, damit es aussieht, als würde sie fliegen.

Lied der Libelle

(Melodie: „Summ, summ, summ, Bienchen, summ herum“ oder Sprechgesang)

Hoch, hoch, hoch,
Libelle, die fliegt hoch.

(aufrecht stehen, die Arme seitlich wegstrecken und auf und nieder bewegen)

Rundherum und auf und nieder,

(Flügel schlagend herumgehen, dabei mal den Oberkörper aufrecht halten, mal ein bisschen in die Knie gehen)

setzt sich und entschwebt dann wieder.

(in die Hocke gehen, dann wieder aufstehen und weiter „fliegen“)

Hoch, hoch, hoch,
Libelle, die fliegt hoch.

(wie zu Beginn stehen, die Arme seitlich wegstrecken und auf und nieder bewegen)

Variation:

Zeile 1, 2, 5 und 6: aufrecht stehen, die Arme anwinkeln und mit den Ellenbogen wie mit Flügeln schlagen
Zeile 3: die Arme rollen, dann abwechselnd in die Höhe recken und den Boden berühren
Zeile 4: in die Hocke gehen, dann wieder aufstehen und die Arme in die Höhe recken

Komm, wir spielen!

Libelle, was siehst du?

So geht's:

Einer von euch übernimmt die Rolle der Libelle, stellt sich vor die restliche Gruppe und sieht sich heimlich nach einem Gegenstand um, den alle sehen können.
Die anderen Kinder singen: „Libelle, Libelle, was siehst du?“ Die Libelle antwortet mit: „Ich sehe was und das ist ...“ Du musst dir dann überlegen, wie dein Gegenstand aussieht, zum Beispiel „quadratisch“, „blau“, „groß“. Die anderen Spieler versuchen nacheinander, herauszufinden, welchen Gegenstand die Libelle meint. Wenn sie es nicht erraten, können sie die Libelle noch einmal rufen, um einen weiteren Hinweis zu bekommen. Das Spiel geht so lange weiter, bis jemand den Gegenstand errät. Dieses Kind ist in der nächsten Runde die Libelle.

Zehn kleine Zappelfische

(Melodie: „Zehn kleine Negerlein“ oder Sprechgesang)

Zehn kleine Zappelfische,
die schwammen rundherum,

(an den Händen fassen und im Kreis gehen)

sie sprangen in ein Boot hinein,

(nach innen in die Kreismitte springen)

das Boot, das kippte um.

(wieder nach außen gehen)

Ein klein, zwei klein,
drei klein, vier klein,
fünf klein Fischelein,

(weiterhin an den Händen gefasst im Kreis gehen)

sechs klein, sieb’n klein,
acht klein, neun klein,
zehn klein Fischelein.

(Richtungswechsel: in die andere Richtung gehen)

Zappelfische

Wie Fische im Wasser …

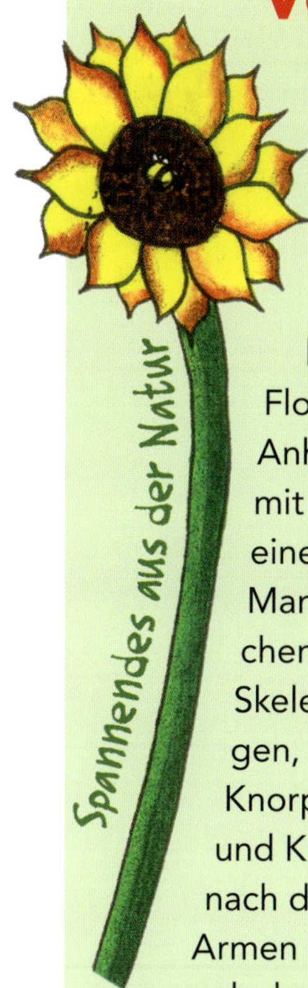

Von Gräten und Flossen

Alle Fische haben Flossen. Ein Fisch bewegt seine Schwanzflosse, damit er sich durch das Wasser bewegen kann. Fische benutzen andere Flossen zum Steuern und zum Anhalten. Die meisten Fische sind mit Schuppen bedeckt und von einer schleimigen Schicht umgeben. Manche Fische haben ein Knochenskelett und andere haben ein Skelett aus einem widerstandsfähigen, beweglichen Material, das man Knorpel nennt. Du hast auch Knochen und Knorpel in deinem Körper. Taste nach den harten Knochen in deinen Armen und Fingern. Und dann taste nach dem beweglichen Knorpel in deiner Nase. Aber keine Sorge: Du bist kein Fisch, auch nicht teilweise!

Komm, wir spielen!

Fischer, fang mich!

Das müsst ihr vorbereiten:

Sucht einen von euch aus, der den Fischer spielt. Alle anderen tun so, als seien sie Fische, die im Wasser schwimmen.

So geht's:

Der Fischer versucht, einem Fisch nachzulaufen und ihn abzuschlagen. Der erste abgeschlagene Fisch wird der neue Fischer.

Variation:

Aus dem abgeschlagenen Fisch wird auch ein Fischer. Das Spiel geht so lange weiter, bis alle Fische gefangen und zu Fischern geworden sind.

Komm, wir zeichnen!

Fische gibt es in allen Formen und Größen. Sieh dir die einfachen Formen bei diesem Fisch an. Zeichne sie nach.

Vergiss nicht, deinem Fisch Flossen zu malen!

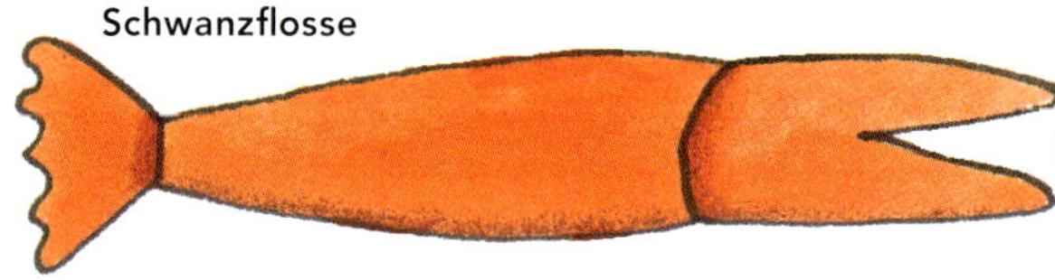

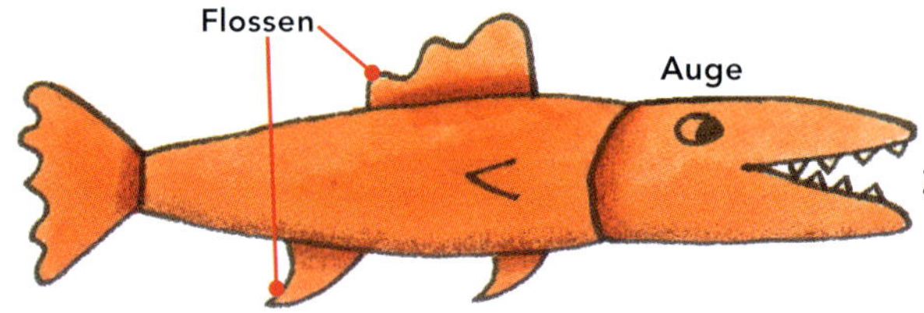

Komm, wir singen!

ABC, heut geh ich an den See

(Melodie: „ABC, die Katze lief im Schnee“ oder Sprechgesang)

ABC, heut geh ich an den See.
Ich nehme meine Angel mit,

(so tun, als hättest du eine Angel auf der Schulter)

und gehe los in schnellem Schritt.

(auf der Stelle treten)

Ich geh zum See, ich geh zum See,
heut geh ich an den See.

(in kleinen Schritten im Kreis gehen)

ABC, ein Fischlein schwimmt im See.

(die Handflächen aufeinanderlegen und Schwimmbewegungen machen)

Es biss an meiner Angel an.

(die Handflächen aufeinander, die Hände auf- und zuklappen und nach einem vorgestellten Angelhaken schnappen)

Ich hab's zurück in'n See getan.

(eine Wurfbewegung nach vorn machen)

Es schwimmt im See, es schwimmt im See.
Das Fischlein schwimmt im See.

(Handflächen aufeinander, Schwimmbewegungen machen)

Komm, wir lesen!

Leo Lionni: **Fisch ist Fisch.**
Beltz Verlag, 2005.

Rettl, Christine: **Tiere im und am Wasser.**
ÖBV & HPT, 2004.

Irmtraud Teltau, Susan Niessen:
Blubb, macht der Fisch.
Coppenrath Verlag, 2004.

Mit der Angel angeln

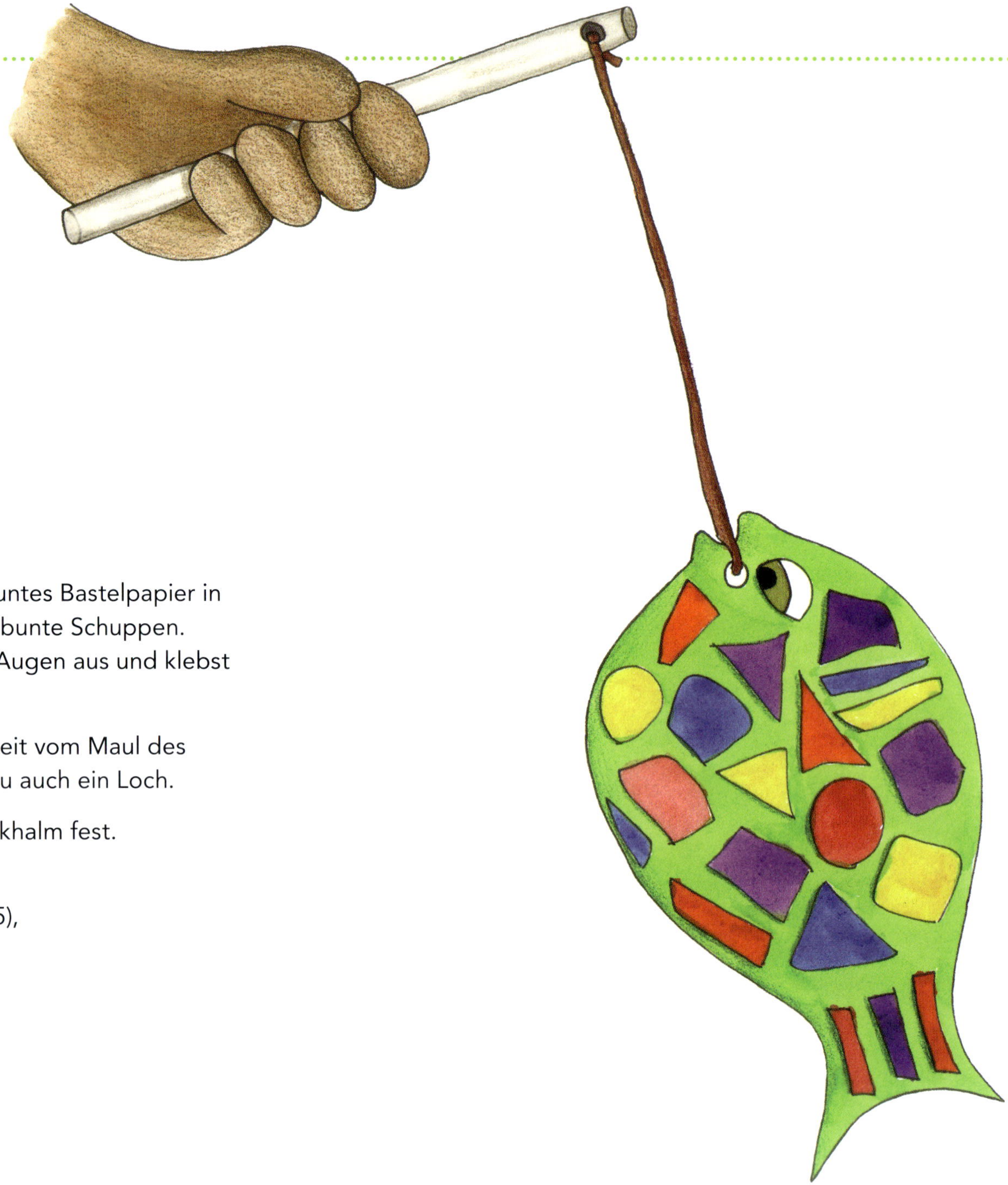

Du brauchst:

- Kinderschere
- Pappe
- Bastelpapier, verschiedene Farben
- Klebstoff
- Locher
- dicke Trinkhalme aus Plastik
- ein Stück Wolle, ungefähr 30 cm lang

So geht's:

1. Schneide aus Pappe einen Fisch zu. Reiße buntes Bastelpapier in kleine Stücke. Klebe sie auf deinen Fisch als bunte Schuppen. Aus schwarzem Bastelpapier schneidest du Augen aus und klebst sie auf deinen Fisch.
2. Mit dem Locher machst du ein Loch, nicht weit vom Maul des Fisches. Am Ende des Trinkhalmes machst du auch ein Loch.
3. Ein Ende des Wollfadens knotest du am Trinkhalm fest. Das andere Ende knotest du am Fisch fest.
4. Singe „ABC, heut geh ich an den See" (S. 25), während du mit deiner neuen Angel spielst.

Komm, wir singen!

Tolle Schildkröten

Wer bin ich?

(Melodie: „Eine Seefahrt, die ist lustig" oder Sprechgesang)

Aus Jux könnt ihr euch ein Schildkrötengesicht auf den Daumen malen, bevor ihr dieses Ratelied singt.

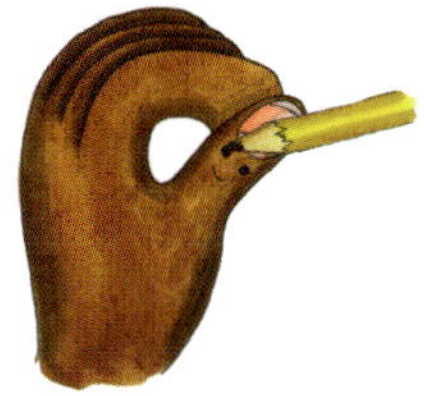

Könnt ihr raten, könnt ihr raten,
könnt ihr raten, wer ich bin?

(Finger an die Schläfe, nachdenkliches Gesicht)

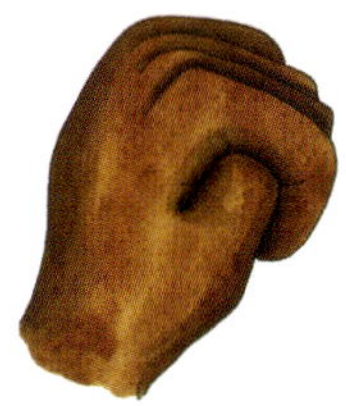

Ich geh meistens ziemlich langsam
und steck in 'nem Panzer drin.

(Faust ballen, Daumen ausstrecken, die andere Hand wie einen Panzer darüberlegen, beide Hände langsam fortbewegen)

Überlegt,
wie ich heiß.
Gibt es denn hier irgendeinen, der es weiß?

Bauch und Rücken sind im Panzer,
Kopf und Beine gucken raus,

(Daumen unter dem Panzer vorgucken lassen)

und wenn mir einmal Gefahr droht, ist der Panzer wie ein Haus.
Überlegt, …

Bei Gefahren, blitzeschnelle, zieh ich Kopf und Beine ein,

(Daumen in den Panzer zurückziehen)

und dann lieg ich auf dem Boden wie ein großer, harter Stein.
Überlegt, …

Das Versteck auf dem Rücken

Die meisten Schildkröten können ihren Kopf und ihre Beine in ihren Panzer zurückziehen und sich so schützen. Dieser Panzer gehört zum Skelett der Schildkröte. Und genau wie du kann die Schildkröte ihr Skelett nicht ablegen. Tu so, als sei dein Pullover oder dein T-Shirt dein Panzer, und zieh deinen Kopf ein, so, wie es eine Schildkröte tut. Merkst du, wie dein Hals und deine Augen nun geschützt sind?

Schildkrötenpuppe

Du brauchst:

- 2 kleine Pappteller
- Kinderschere
- Filzstifte oder Fingerfarben
- Reste von grünem oder braunem Tonpapier
- Kleber und Papierreste (wahlweise)
- Tacker
- 2 Trinkhalme aus Plastik
- Klebeband

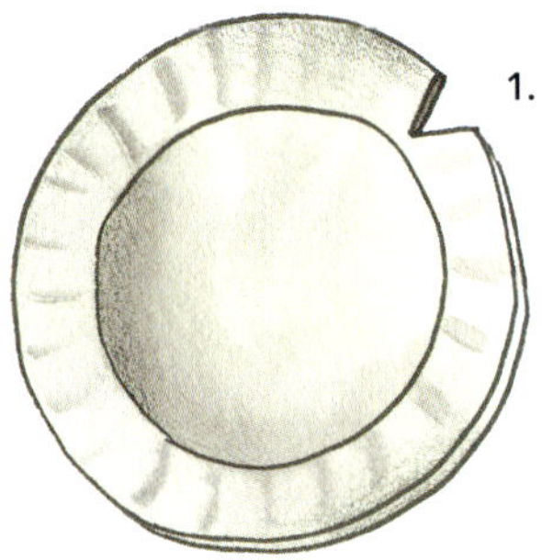

1. Schritt

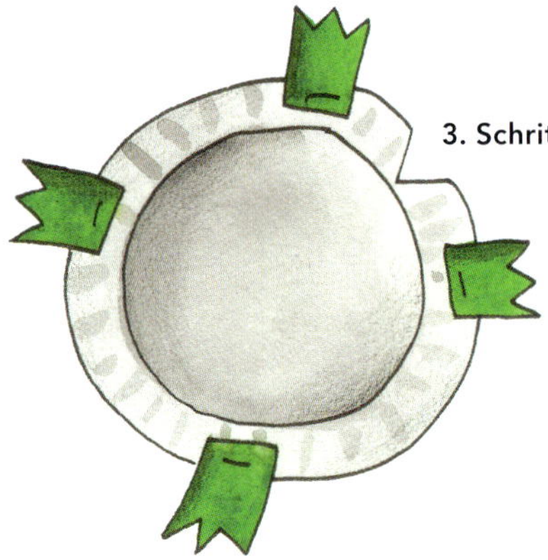

3. Schritt

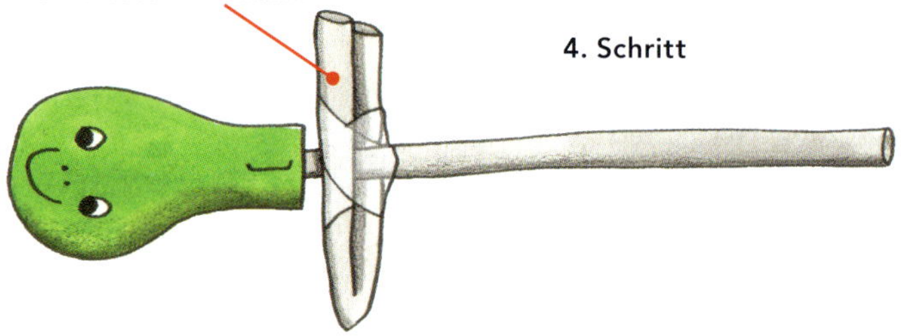

4. Schritt

So geht's:

1. Lege die Pappteller mit den Oberseiten aufeinander. Schneide für den Schildkrötenschwanz ein kleines Dreieck aus dem Rand (ungefähr 2,5 cm breit).
2. Bemale die Unterseiten der Pappteller mit bunten Farben. Ein Teller ist die Unterseite des Panzers, der andere die Oberseite. Du kannst den Panzer auch mit abgerissenen Bastelpapierschnipseln bekleben.
3. Schneide den Kopf und die Beine der Schildkröte aus braunem oder grünem Tonpapier zu. Hefte die Beine mit dem Tacker auf die unbemalte Seite des Tellers, der die Unterseite des Panzers darstellt.
4. Hefte den Kopf an ein Ende des ersten Trinkhalmes. Falte den zweiten Trinkhalm auf die Hälfte. Zwischen die beiden Hälften schiebst du den Trinkhalm mit dem Kopf, sodass sich der gefaltete Halm unterhalb des Kopfes befindet. Auf diese Weise verhinderst du, dass der Kopf vollständig aus dem Panzer herauskommt. Umwickle die Trinkhalme mit Klebeband, damit sie nicht verrutschen.
5. Lege den Trinkhalm zwischen die beiden Pappteller, sodass der Kopf zwischen den beiden Vorderbeinen hervorsieht und das Ende des Trinkhalmes aus dem dreieckigen Einschnitt guckt. Tackere die Pappteller zusammen und zwar rechts und links von dem Einschnitt.
6. Ziehe den Kopf zurück, bis der breiteste Teil des Kopfes am Tellerrand liegt. Hefte die Teller rechts und links vom Kopf aufeinander, aber pass auf, dass du den Kopf selbst nicht festklammerst.
7. Wenn du vorsichtig am Schwanzende ziehst und schiebst, steckt die Schildkröte ihren Kopf aus dem Panzer hervor und zieht ihn wieder ein. Dazu kannst du das Ratelied von Seite 27 singen.

Komm, wir lesen!

Michael Ende:
Tranquilla Trampeltreu – die beharrliche Schildkröte.
Carlsen Verlag, 2006.

Meyers kleine Kinderbibliothek:
Die Schildkröte, die Schnecke, die Muschel und das Gürteltier.
Bibliographisches Institut, 1997.

Elizabeth Shaw:
Die Schildkröte hat Geburtstag.
Der Kinderbuchverlag, 2004.

Komm, wir spielen!

Staffellauf mit Schildkrötenpanzer

Das müsst ihr vorbereiten:

Legt zwei Teppichfliesen im Abstand von 5 bis 7 Metern auf den Boden. Bildet zwei gleich große Gruppen. Jede Gruppe stellt sich paarweise hintereinander hinter eine Fliese.

So geht's:

Das erste Paar steigt in einen Hula-Hoop-Reifen. Haltet den Reifen in Taillenhöhe fest, und lauft zu der anderen Teppichfliese. Dort legt ihr den Hula-Hoop-Reifen ab und steigt heraus. Dann steigen die nächsten beiden Kinder hinein und setzen das Rennen fort. Das Spiel geht so lange weiter, bis jeder an der Reihe war.

Komm, wir zeichnen!

Sieh dir die einfachen Formen bei dieser Schildkröte an. Zeichne sie nach.

Male deiner Schildkröte Augen auf, und bemale ihren Panzer.

Komm, wir singen!

Die kleine Ente

(Sprechgesang)

„Quak, quak, quak“,

(Hände öffnen und schließen)

macht die kleine Ente.

(Arme anwinkeln und wie kleine Flügel bewegen)

„Quak, quak, quak“,
so geht’s den ganzen Tag.

(Bewegungen wiederholen)

„Quak, quak, quak“,
macht die kleine Ente.

(Bewegungen wiederholen)

Flop, flap, flip,
die Füße machen mit.

(Hände mit den Handflächen nach unten halten, abwechselnd mit der rechten und der linken Hand auf die Oberschenkel schlagen)

Quak, quak, quak

Komm, wir zeichnen!

Sieh dir die einfachen Formen bei dieser Ente an.
Zeichne selber eine Ente.

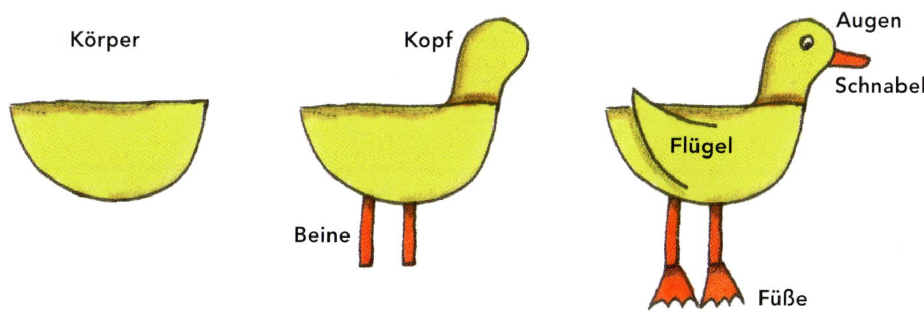

Komm, wir lesen!

Rebecca Harry, Jonathan Emmett: **Groß werd ich von ganz allein.**
Ravensburger Buchverlag, 2004.

Teresa Renau, Barbara Landbeck: **Hallo Familie Ente.**
Tivola Buchverlag, 2004.

Harmen van Straaten: **Es war einmal eine Ente.**
Verlag Freies Geistesleben, 2004.

Watschelente

Du brauchst:

- Bleistift
- 2 große Pappteller
- gelbes und orangefarbenes Tonpapier
- Kinderschere
- 1 kleinen Pappteller
- Tacker
- Filzstifte, Farbe und Pinsel

  oder
- Klebstoff und Bastelpapier

1. Schritt

2. Schritt

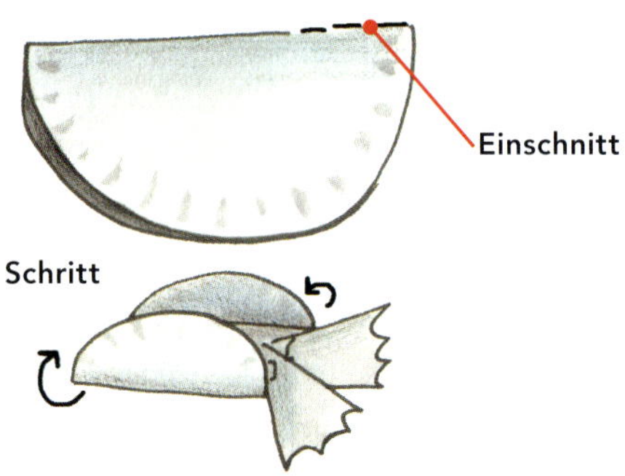

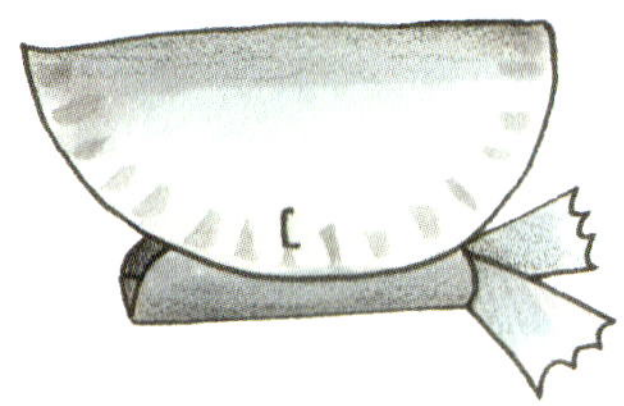

3. Schritt

So geht's:

1. Zeichne einen Entenkopf auf gelbes Tonpapier, und schneide ihn aus. Schneide zwei Füße mit Schwimmhäuten aus dem orangefarbenen Tonpapier aus.
2. Falte die beiden großen Pappteller auf die Hälfte. Schneide bei beiden Tellern den Falz vom Rand aus ungefähr 6 cm weit ein. Falte den kleinen Pappteller in drei Teile. Hefte die Entenfüße mit dem Tacker an den Mittelteil.
3. Hefte den kleinen Teller an einen der Teller mit Einschnitt im Falz, wie im Bild gezeigt. Schiebe den Entenkopf in den anderen Teller mit Einschnitt, und hefte ihn fest.
4. Setze den Teller mit dem Kopf auf den Unterbau der Ente, und schiebe ihn leicht nach vorn. Hefte beide Teller an der Rückseite des Entenhalses zusammen.
5. Male deine Ente an, oder klebe Federn darauf, die du aus Bastelpapier zuschneidest. Du kannst auch beide Methoden miteinander kombinieren.

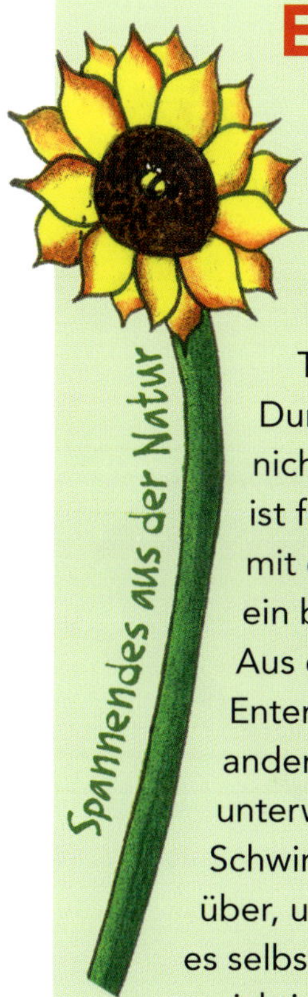

Entengang

Enten schwimmen gern in Teichen oder Flüssen. Sie haben Schwimmhäute an den Füßen, die sie wie Paddel benutzen. Das hilft ihnen beim Schwimmen.

Bist du schon einmal mit Schwimm- oder Tauchflossen an den Füßen geschwommen? Durch sie wird das Schwimmen viel einfacher, nicht wahr? An Land über den Boden zu gehen, ist für Enten nicht so leicht. Diese großen Füße mit den Schwimmhäuten sind ein bisschen im Weg!

Aus diesem Grund wackeln Enten von einer Seite zur anderen, wenn sie zu Fuß unterwegs sind. Zieh dir Schwimm- oder Tauchflossen über, und versuche es selbst einmal. Aber sei vorsichtig: Es ist nicht einfach!

Frage einen Erwachsenen, ob ihr zusammen in einen Park mit einem Ententeich gehen könnt.

Sehen alle Enten gleich aus? Verhalten sie sich gleich? Was meinst du, wo sie sich wohler fühlen: im Wasser oder außerhalb des Wassers?

Ente, Ente, Gans

Das müsst ihr vorbereiten:

Alle Kinder setzen sich im Kreis auf den Boden.
Ein Kind geht außen um den Kreis herum.

So geht's:

Das Kind geht um den Kreis herum und klopft dabei jedem Kind leicht auf den Kopf. Dazu sagt es entweder „Ente" oder „Gans". Die „Enten" bleiben sitzen. Wenn jedoch das Wort „Gans" fällt, muss das Gans-Kind aufstehen und das andere Kind um den Kreis jagen. Das Ziel ist, das Kreis-Kind abzuschlagen, bevor es den Platz der Gans im Kreis erreicht und sich setzt. Wenn beide Kinder den ursprünglichen Platz der Gans erreicht haben, setzen sie sich. Dann sucht ihr ein neues Kind aus, das um den Kreis zieht.
Wiederholt das Spiel so lange, bis jedes Kind einmal jagen durfte oder gejagt wurde.

In meinem Garten

Komm in meinen Garten,
dort ist es wunderschön!
Hummeln, Käfer, Schmetterlinge
gibt es dort zu sehn.

Komm in meinen Garten,
ich lad dich herzlich ein.
Du kannst dort Samen pflanzen
und Regenmacher sein.

Komm in meinen Garten,
komm, sieh ihn dir mal an.
Dann siehst du lauter Sachen,
die man dort machen kann.

Mein Garten

Komm, wir basteln!

Mein kleines Gewächshaus

Mag es stürmen oder schneien,
hier kann mein Pflänzchen gut gedeihen.

Du brauchst:

- 2 Pappteller
- Kinderschere
- Tacker
- Filzstifte
- 3 Wattekugeln
- Gefriertüte mit Zip-Verschluss
- Bohnen-, Sonnenblumen- oder Kürbissamen
- Wolle

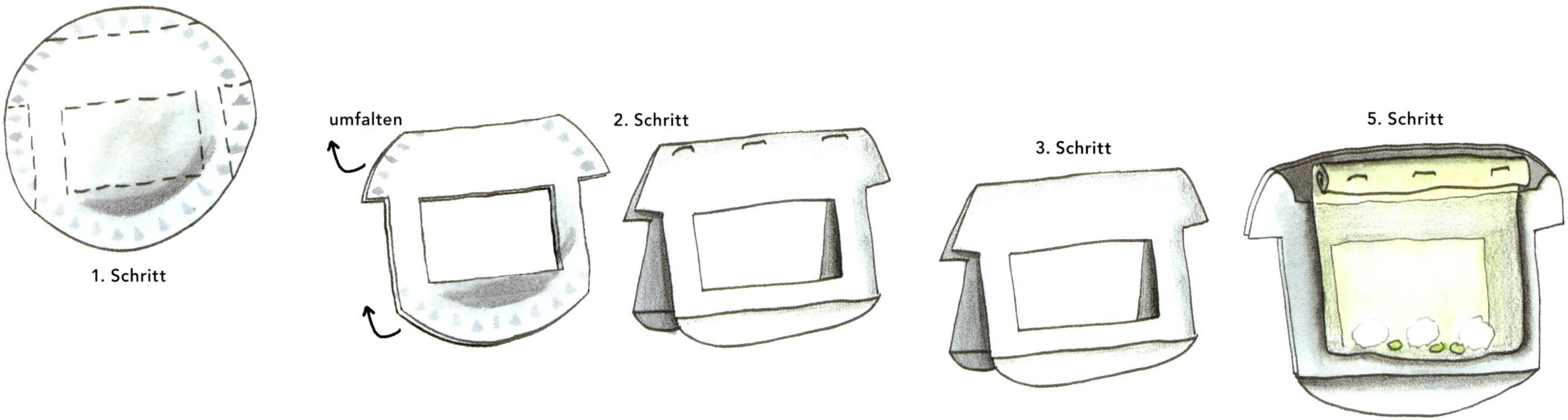

So geht's:

1. Lege die beiden Pappteller aufeinander. Schneide daraus den Umriss eines Gewächshauses zu, wie in Schritt 1 gezeichnet. Bitte einen Erwachsenen, dir mit dem Rechteck zu helfen, das aus der Mitte ausgeschnitten werden muss.
2. Die Unterseiten der Teller liegen immer noch aufeinander und sind dir zugewandt. Nun faltest du die oberen und unteren Ränder um. Dann trennst du die Teller voneinander und drehst sie so, dass die Unterseiten einander zugewandt sind. Tackere die oberen Laschen zusammen.
3. Wende das Gewächshaus, sodass die zusammengehefteten Laschen auf der Innenseite liegen. Bemale die Außenseite.
4. Tunke 3 Wattekugeln in Wasser, und drücke sie vorsichtig aus. Lege die Wattekugeln zusammen mit zwei oder drei Samen in eine Plastiktüte mit Verschluss. Verschließe die Tüte.
5. Öffne das Gewächshaus. Rolle den oberen Teil der Tüte so ein, dass die Samen im Gewächshausfenster zu sehen sind. Hefte die Tüte an die umgefalteten Laschen.
6. Schließe dein Gewächshaus. Schiebe die Bodenlaschen ein wenig übereinander, und tackere sie zusammen. Das Gewächshaus sollte nun aufrecht stehen können. Knote ein Stück Wolle als Griff durch das Gewächshaus.

Nun stellst du dein Gewächshaus an eine helle Stelle im Zimmer. Und dann kannst du sehen, wie die Samen wachsen. Wenn sie für die Plastiktüte zu groß geworden sind, kannst du sie vorsichtig aus der Tüte nehmen und in die Erde pflanzen.

Hast du einen grünen Daumen?

Man sagt von jemandem, bei dem alle Pflanzen zu wachsen und zu gedeihen scheinen, dass er einen „grünen Daumen" hat. Aber das heißt nicht, dass der Daumen dieses Menschen tatsächlich grün gefärbt ist. Es ist nur eine nette Art zu sagen, dass dieser Mensch sich gut um Pflanzen kümmert und ihnen hilft, gut zu wachsen. Hast du einen grünen Daumen? Hat jemand, den du kennst, einen grünen Daumen?

Noch mehr Spaß

Von der Natur abgemalt

Lege ein Blatt auf eine glatte, harte Oberfläche, zum Beispiel auf einen Tisch. Lege ein Blatt Papier darüber. Fahre mit einem Wachsmaler oder einem Farbstift immer wieder über das ganze Blatt hin und her. Sieh zu, wie der Umriss und die Struktur des Blattes wie von Zauberhand auf deinem Papier erscheinen! Wie ist das passiert?

Komm, wir singen!

Wer will fleißige Gärtner sehn

(Melodie: „Wer will fleißige Handwerker sehn" oder Sprechgesang)

Wer will fleißige Gärtner sehn,
der muss zu uns Kindern gehn.
Pflanzet ein, pflanzet ein,
der Samen wird bald größer sein.

(Bewegungen machen, als würdet ihr Samen in die Erde stecken, dann die Arme hochrecken und zeigen, wie groß die Pflanze wird)

…

Grabt ein Loch, grabt ein Loch,
ja, ein bisschen tiefer noch.

(Bewegungen wie beim Graben machen)

…

Mäht das Gras, mäht das Gras,
Rasenmähen, das macht Spaß.

(langsam gehen, als würdet ihr den Rasenmäher schieben)

…

Harke hier, harke dort,
hark die welken Blätter fort.

(Bewegungen wie beim Harken machen)

…

Gieß das Beet, gieß das Beet,
morgens oder abends spät.

(eine gedachte Gießkanne langsam von einer Seite zur anderen schwenken)

Komm, wir zeichnen!

Viele Pflanzen haben Blätter. Blätter gibt es in vielen unterschiedlichen Formen und Größen.
Sieh dir die einfachen Formen bei diesen Blättern an.

Zeichne die Blätter nach den Umrissen, die du hier siehst. Füge Einzelheiten wie Blattadern und Schatten an den Blatträndern hinzu. Sind dies grüne Frühlingsblätter oder sind es gelb-rote Herbstblätter?

In voller Blüte

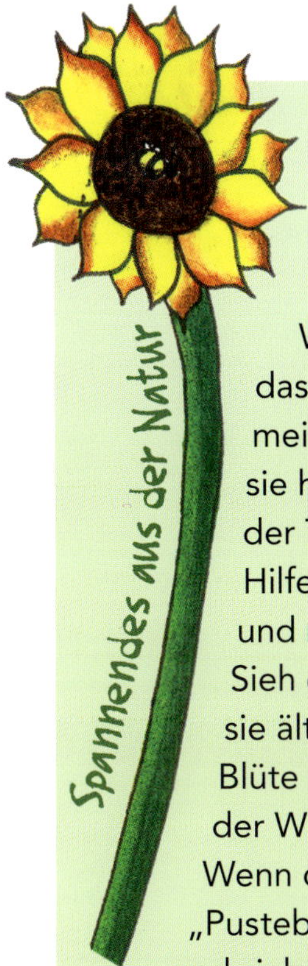

Über Blüten und Samen

Wenn eine Pflanze eine Blüte trägt, sagt man, dass sie „blüht“. Die Blüte einer Pflanze ist meistens schön anzusehen und riecht gut, doch sie hat auch eine wichtige Aufgabe. Die Blüte ist der Teil der Pflanze, der Samen produziert. Mit Hilfe der Samen kann sich die Pflanze vermehren und neue Pflanzen hervorbringen.

Sieh dir die Blüte einer Löwenzahnpflanze an. Wenn sie älter wird oder heranreift, verwandelt sich die Blüte in federleichte weiße Samenbällchen. Wenn der Wind weht, werden die Samen weggetragen. Wenn du einen Löwenzahn siehst, der sich in eine „Pusteblume“ verwandelt hat, puste einmal darauf, und sieh dir an, wie die Samen vom Wind verbreitet werden. Wenn du einen Löwenzahn mit gelber Blüte findest, zupfe die gelben Blütenblätter heraus. Dann siehst du die heranwachsenden Samen am Ende der Blütenblätter.

Komm, wir singen!

Vom Samen zur Blume

(Melodie: „Ging ein Weiblein Nüsse schütteln“ oder Sprechgesang)

Frühling bring uns Sonn’ und Regen,
(aufrecht stehen, die Hände über dem Kopf zusammenführen, dann mit den Fingern herabrieseln)

Sonn’ und Regen,
(wiederholen)

Sonn’ und Regen,
(wiederholen)

macht aus Samen Blütensegen,
(in die Hocke gehen, langsam aufstehen und die Arme ausbreiten)

Blütensegen,
(wiederholen)

Blütensegen,
(wiederholen)

– toll!!
(einmal in die Hände klatschen)

Hübsche Blume

Du brauchst:

- 1 kleinen Pappteller
- Kinderschere
- kleine runde Gegenstände für die Samenkörner (z.B. Knöpfe, Pailletten, Konfetti)
- Kleber
- Pinsel (wahlweise)
- Klebeband
- bunte Bastelstäbe oder Eisstiele

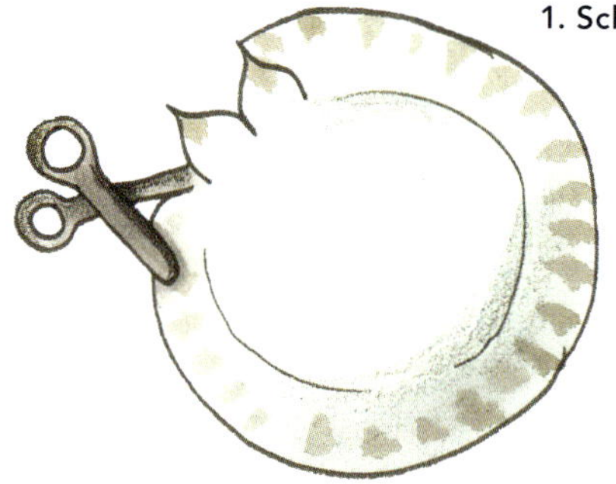

1. Schritt

So geht's:

1. Schneide aus dem kleinen Pappteller eine Blüte aus. Klebe die „Samenkörner" auf den Teller. (Jüngere Kinder streichen vielleicht den Kleber auf den Teller und drücken die „Samen" dann an.)
2. Befestige einen Bastelstab mit Klebeband auf der Rückseite deiner Blüte. Das ist der Blumenstängel.
3. Für die Blätter brauchst du zwei Hälften eines Bastelstabes. Bitte einen Erwachsenen, einen Stab durchzuschneiden. Klebe die Blätter an den Stängel.

Noch mehr Spaß

Blumen, die nicht welken

Lege eine oder zwei Blumen zwischen zwei Papierhandtücher. Am besten legst du die Blumen so hin, dass sie sich nicht berühren. Die Papierhandtücher legst du zwischen mehrere Lagen Zeitungspapier. Auf das Zeitungspapier stapelst du schwere Bücher. Lass die Blumen für einige Tage dort, bis sie trocken sind. Klebe die Blumen auf ein gefaltetes Stück Tonpapier, und mache so eine Grußkarte daraus.

Blumenpflücken

Das müsst ihr vorbereiten:

Bis auf einen Mitspieler setzen sich alle Kinder im Kreis auf den Boden.

So geht's:

Das Kind, das nicht im Kreis sitzt, geht außen um den Kreis herum und hält dabei eine Plastikblume, einen Schal oder eine Socke in der Hand. Alle singen gemeinsam:

Ich geh heute Blumen pflücken

(Melodie: „Ging ein Weiblein Nüsse schütteln" oder Sprechgesang)

Ich geh heute Blumen pflücken,
Blumen pflücken,
Blumen pflücken,
ich geh heute Blumen pflücken,
Blumen pflücken.
Und jetzt pflück ich
– dich!

Das Kind, das außen um den Kreis geht, lässt seine Blume hinter einem der Kinder fallen. Dieses Kind hebt die Blume auf und jagt das andere Kind außen um den Kreis herum. Wenn das gejagte Kind als Erstes den leeren Platz im Kreis erreicht, setzt es sich hin. Dann geht der Jäger als Nächster um den Kreis. Wenn der Jäger aber das gejagte Kind abschlägt, bevor es sich setzen kann, ist es noch einmal an der Reihe. Spielt so lange, bis alle einmal als Jäger oder Gejagter an der Reihe waren.

Die Blütenblätter sind normalerweise das Schönste an einer Blume und das, was am besten duftet. Sie helfen, Vögel und Insekten zu der Blume zu locken. Sieh dir die einfachen Formen bei diesen Blütenblättern an.

Probiere, Blumen mit verschiedenen Blattformen und Farben zu malen. Dann male einen Garten mit vielen unterschiedlichen Blumen darin.

Fleißige Bienen

Komm, wir singen!

Die fleißigen Bienen

(Melodie: „Es tanzt ein Bi-Ba-Butzemann" oder Sprechgesang)

Im Bienenstock, im Bienenstock
ist mächtiges Gesumm,
summ, summ, summ.

(Hand zur Faust ballen und mit der anderen Hand bedecken, dann mit den versteckten Fingern hervorkommen und mit ihnen zappeln)

Im Bienenstock, im Bienenstock
ist mächtiges Gesumm.
Die Bienen fliegen ein und aus
und bringen Pollen mit nach Haus.

(mit allen Fingern zappeln und die Hände hin und her fliegen lassen)

Im Bienenstock, im Bienenstock
ist mächtiges Gesumm.

(die Hand über die gekrümmten Finger schieben)

Pollenlieferungen

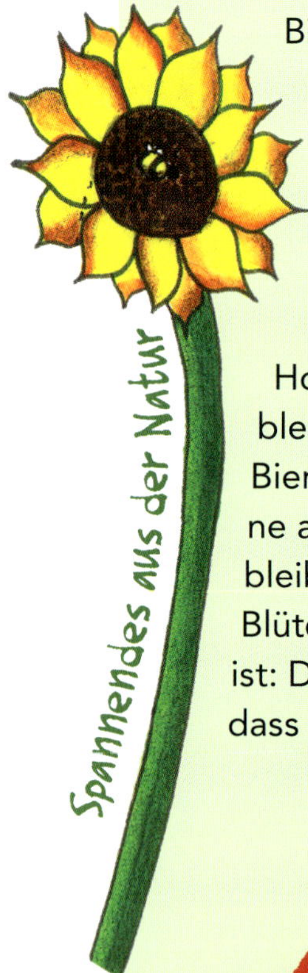

Bienen haben eine sehr wichtige Aufgabe: Sie tragen Pollen von einer Blüte zur anderen, sodass die Pflanzen Früchte und Samen bilden können. Die Bienen fliegen zu den Blüten, um dort Nektar für die Honigproduktion zu sammeln. Dabei bleibt der Pollen in der Blüte an den Bienenbeinen hängen. Wenn die Biene auf einer anderen Blüte landet, bleibt etwas vom Pollen der ersten Blüte dort zurück. Aber das Witzigste ist: Die Biene weiß noch nicht einmal, dass sie so wichtige Dienste leistet!

Komm, wir zeichnen!

Sieh dir die einfachen Formen bei der Biene an.
Hast du Lust, sie zu zeichnen?

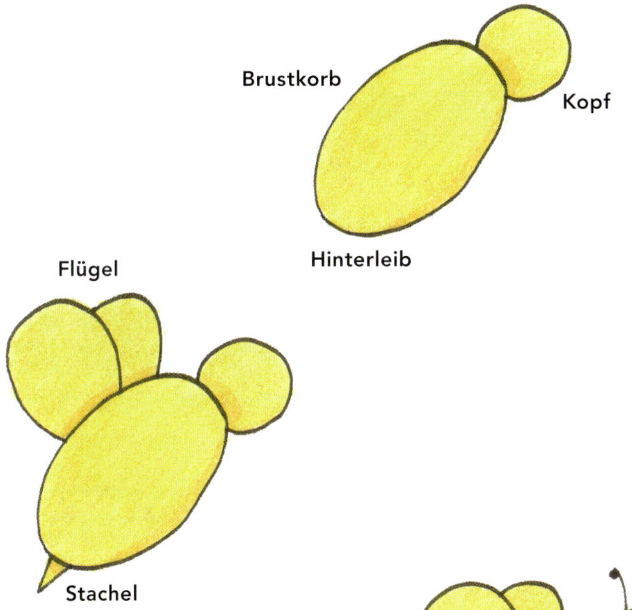

Male deiner Biene noch Augen, einen Mund und Fühler. Wenn du hinter ihr eine Spur aus Punkten oder Linien malst, sieht es so aus, als würde sie fliegen.

Komm, wir spielen!

Bienenspiel

Das müsst ihr vorbereiten:

Einer von euch ist die Biene. Wenn ihr viele Kinder seid, kann es auch mehrere Bienen geben. Die anderen Mitspieler sind Blumen. Alle Blumen stopfen sich das Ende einer Socke, eines Schals oder eines Parteibandes hinten in den Hosenbund.

So geht's:

Die Blumen laufen herum. Die Biene versucht, an sie heranzukommen und ihren Pollen einzusammeln, indem sie sich den Schal, die Socke oder das Parteiband schnappt. Die letzte Blume, der die Biene den Pollen abnimmt, ist in der nächsten Runde die Biene.

Große, runde Biene

Du brauchst:

- Kinderschere
- 5 Pappteller
- gelbe und schwarze Malfarbe in getrennten Schraubdeckeln
- Pinsel
- Locher
- Wolle, etwa 1 m lang
- Klebeband
- Zeitungspapier oder Papierreste
- Tacker
- Klebestift

So geht's:

1. Für den Kopf der Biene schneidest du das runde Mittelstück aus einem Pappteller. Male es gelb an, und lass es trocknen. Male das Gesicht der Biene mit schwarzer Farbe auf.

2. Male zwei weitere Pappteller auf der Unterseite gelb an. Lass die Farbe trocknen, und male dann schwarze Streifen darüber.

3. Schneide zwei Fühler und einen Stachel aus Reststücken des ersten Papptellers aus. Male sie schwarz an.

4. Lege die beiden gestreiften Teller so aufeinander, dass die bemalten Seiten außen sind. Knipse mit dem Locher Löcher in den äußeren Rand. Binde ein Ende des Wollfadens an den Tellern fest. Um das andere Fadenende wickelst du ein Stück Klebeband, sodass eine Art Nadel entsteht. Nun nähst du die Teller aneinander. Stich immer von oben in das nächste Loch, wie auf dem Bild gezeigt. Achte darauf, dass du eine Öffnung freilässt.

5. Stopfe die Teller mit zerknülltem Zeitungspapier aus. Dann verschließt du die Öffnung mit der Wolle.

6. Halbiere die letzten beiden Pappteller. Runde die Ecken ab, sodass Flügel entstehen. Spreize die Flügel ein wenig, und tackere sie paarweise aufeinander.

7. Hefte beide Flügelpaare mit dem Tacker an den Körper der Biene. Hefte den Stachel an das untere Ende des Körpers. Befestige die Fühler mit Heftklammern oder Klebeband am Kopf der Biene, und klebe den Kopf auf die Vorderseite des Körpers.

1. Schritt

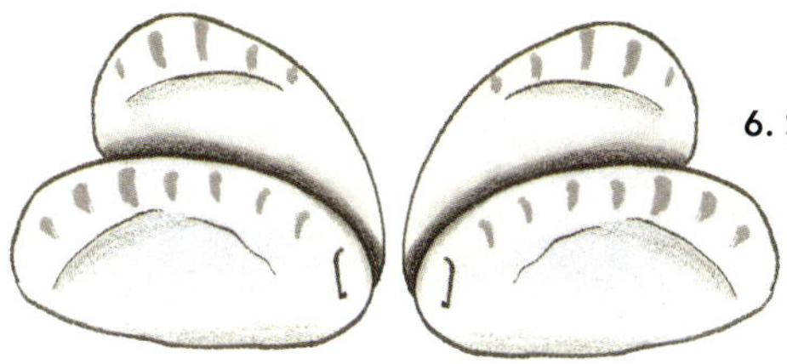
6. Schritt

4. Schritt

Komm, wir lesen!

Ute Fuhr, Raoul Sautai: **Die Biene.**
Bibliographisches Institut, 2007.

Anne Möller: **Bei den Bienen.**
Patmos Verlag, 2006.

Paul Starosta: **Meine erste Tierbibliothek – Die Biene.**
Esslinger Verlag, 2000.

Glückskäfer

Wenn du einen Marienkäfer im Garten findest, kannst du dich glücklich schätzen. Marienkäfer fressen viele Insekten, die für Pflanzen schädlich sind.

Komm, wir basteln!

Hängender Marienkäfer

Du brauchst:

- 1 kleinen Pappteller
- rote, schwarze und weiße Malfarbe (z.B. Temperafarbe) in getrennten Schraubdeckeln
- Pinsel
- Wolle
- Tacker
- Bleistift
- Schwarzes Tonpapier
- Kinderschere
- Pfeifenreiniger (1/3 Stange pro Figur)
- Klebeband

2. Schritt

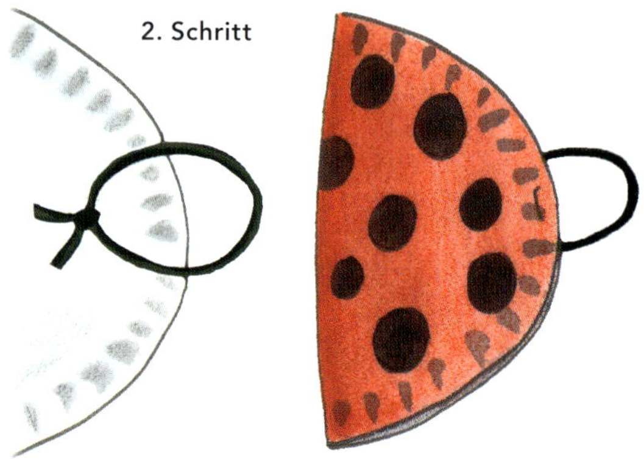

So geht's:

1. Male die Unterseite eines Papptellers rot an, und lass die Farbe trocknen. Male schwarze Punkte auf. Lass die Farbe trocknen.
2. Knüpfe eine Schlinge aus der Wolle, mit der du den Marienkäfer später aufhängen kannst. Falte den Pappteller auf die Hälfte, und lege die Schlinge zwischen die Hälften, und zwar am höchsten Punkt der Rundung. Hefte die Tellerhälften aufeinander, wie im Bild (S. 46) gezeigt.
3. Für den Kopf faltest du ein Stück schwarzes Tonpapier auf die Hälfte. Male einen Kopf auf, sodass der Falz die Unterkante bildet. Schneide den Kopf aus, und achte dabei darauf, dass du nicht in den Falz schneidest. Male mit weißer Farbe einen Mund und zwei Augen auf.
4. Forme Fühler aus dem Pfeifenreiniger, und biege die Enden um. Befestige die Fühler mit Klebeband an der Innenseite des Kopfes. Schiebe den Körper seitlich zwischen die Kopfhälften und hefte ihn dort fest.
5. Schneide für die Beine sechs Stücke Wolle zu. Befestige die Beine mit Klebeband an der Rückseite des Marienkäfers.

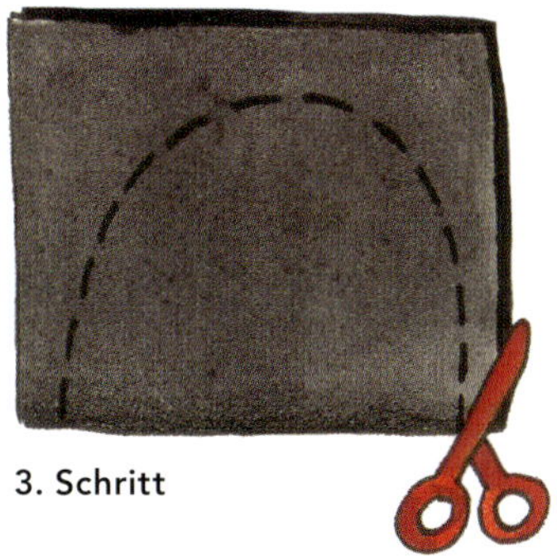

3. Schritt

4. Schritt

Komm, wir zeichnen!

Sieh dir die einfachen Formen bei diesem Marienkäfer an. Zeichne den Körper.

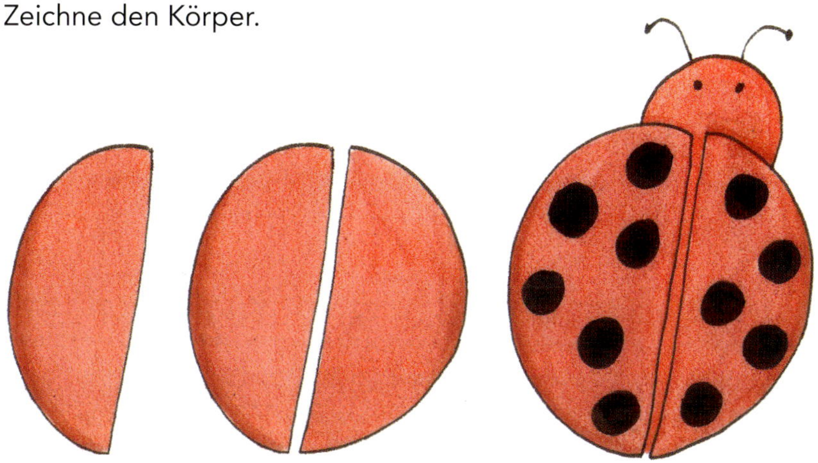

Füge Augen, Fühler und Beine hinzu. Male Punkte auf deinen Marienkäfer.

Komm, wir lesen!

Regine Altegoer, Isabel Abedi:
Zehn Marienkäfer sagen gute Nacht. Ars Edition, 2007.

Eric Carle:
Der kleine Käfer Immerfrech. Gerstenberg Verlag, 1999.

Patrick Lorne, Valerie Tracqui:
Meine erste Tier-Bibliothek – Der Marienkäfer. Esslinger Verlag, 2004.

Komm, wir spielen!

Wie kommen die Punkte auf den Marienkäfer?

Marienkäfer sind normalerweise gelb, rot oder orange, es gibt aber auch schwarze Marienkäfer. Die Punkte sind für gewöhnlich schwarz, weiß oder gelb. Dies ist ein Spiel mit Marienkäferpunkten.

Das müsst ihr vorbereiten:

Hängt einen großen Marienkäfer aus Papier an die Wand. Alle Kinder, die mitspielen wollen, stellen sich im Abstand von 3 bis 5 Metern davon hintereinander auf. Jeder Spieler bekommt einen Marienkäferpunkt mit einem Stück Klebeband daran.

So geht's:

Der Erste in der Reihe läuft zum Marienkäfer und klebt seinen Punkt an. Dann läuft er zurück und der Nächste ist an der Reihe. Das Rennen geht so lange weiter, bis der Marienkäfer alle seine Punkte hat.

Variation:

Dieses Spiel macht mit verbundenen Augen noch mehr Spaß! Dann muss jemand den Spieler mit den verbundenen Augen vorsichtig in Richtung Wand auf den Weg schicken.

Komm, wir singen!

Marienkäfer im Regen

(Melodie: „Es regnet ohne Unterlass" oder Sprechgesang)

Es regnet ohne Unterlass,
es regnet immerzu.

(mit den Fingern Rieselbewegung von oben nach unten machen)

Marienkäfer werden nass,

(den ganzen Körper schütteln)

die Blümlein gehen zu.

*(Hände an den Handwurzeln aneinanderlegen,
die Fingerspitzen allmählich zusammenbringen)*

Kleiner roter Käfer, komm zu mir ins Haus.

*(mit den Händen ein Dach formen und es schützend
über den Kopf halten)*

Und wenn dann die Sonne scheint, fliegst du wieder raus.

*(Arme hochrecken, die Fingerspitzen berühren sich,
dann mit den Armen wie mit Flügeln schlagen)*

Krabbelraupe

Die Raupe

(Melodie: „Die Räder vom Bus“ oder Sprechgesang)

Die Raupe im Baum frisst Blatt für Blatt,
(Zeigefinger abwechselnd gerade und krumm machen)
Blatt für Blatt, Blatt für Blatt,
(Hand öffnen und schließen)
die Raupe im Baum frisst Blatt für Blatt
(Hand öffnen und schließen)
und wird sooo satt!

Die Raupe spinnt nun ein festes Haus,
(Zeigefinger abwechselnd gerade und krumm machen)
festes Haus, festes Haus,
(Arme rollen)
die Raupe spinnt nun ein festes Haus,
(Arme rollen)
ruht sich darin aus.
(Kopf auf die Hände legen)

Die Raupe wird wach und blickt umher,
(Zeigefinger abwechselnd gerade und krumm machen)
blickt umher, blickt umher,
(herumgucken)
die Raupe wird wach und blickt umher
(herumgucken)
– ist keine Raupe mehr!

Aus ihr wurde nun ein Schmetterling,
(die Arme ausbreiten, Flugbewegungen machen)
Schmetterling, Schmetterling,
aus ihr wurde nun ein Schmetterling,
ein wunderschönes Ding.

Spannendes aus der Natur

Die Reise einer Raupe

Ein Schmetterlingsbaby nennt man eine Raupe. Eine Raupe hat keine Flügel. Sie hat mehr Ähnlichkeit mit einem Wurm als mit einem Schmetterling. Das Schmetterlingsbaby muss wachsen und eine große Verwandlung durchmachen, bevor es so aussieht wie seine Eltern. Diese Verwandlung nennt man Metamorphose. Eine aufregende Sache!

Eine kriechende Raupe

Du brauchst:

- 2 Pappröhren (Toilettenpapier), jede in 3 gleich große Teile zerschnitten
- Ein-Loch-Locher oder spitze Schere
- Klebeband
- Wollfaden, 30 cm lang
- Pfeifenreiniger
- Wackelaugen
- Kleber
- Filz- oder Buntstifte

1. Schritt

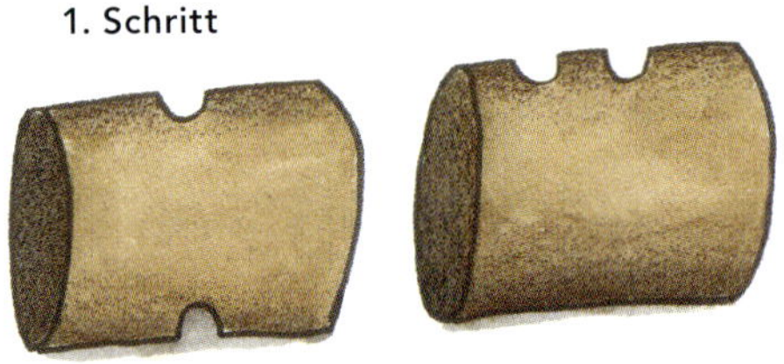

2. Schritt

3. Schritt

So geht's:

1. Für die Mitte der Raupe brauchst du vier der Papprohrenteile. In diese machst du mit einem Locher jeweils zwei Löcher, die einander genau gegenüberliegen.
2. Für Kopf und Hinterleib der Raupe machst du in die restlichen beiden Papprohrenteile jeweils zwei Löcher, die nebeneinanderliegen.
3. Umwickle ein Ende des Wollfadens mit einem Stück Klebeband, damit du es als Nadel benutzen kannst. Fädle die Wolle durch die beiden Löcher von einem der Endstücke. Mache einen Knoten in das Fadenende, wie im 2. Bild gezeigt. Fädle die Wolle durch die vier Mittelstücke und dann durch das letzte Endstück. Mache noch einen Knoten.
4. Für den Kopf machst du mit dem Locher zwei Löcher auf die Oberseite eines Endstücks. Fädele ein 10 cm langes Stück Pfeifenreiniger durch die beiden Löcher. Biege die Enden um, und mache so zwei Fühler daraus. Klebe Wackelaugen auf das Gesicht. Bemale deine Raupe.

Komm, wir lesen!

Eric Carle: **Die kleine Raupe Nimmersatt.**
Gerstenberg Verlag, 2000.

Una Jacobs: **Die Schmetterlings-Uhr.**
Ellermann Verlag, 2001.

Barbara Veit, Ines Joch: **Lilli der Schmetterling.**
Annette Betz Verlag, 2004.

Komm, wir spielen!

Die Raupe hat Hunger!

Wenn eine Raupe aus ihrem Ei schlüpft, hat sie einen Riesenappetit. Sie frisst und frisst und frisst! Wenn sie zu groß für ihre Haut wird, springt die Haut auf. Die Raupe kriecht heraus und hat eine ganz neue Haut an!

Das müsst ihr vorbereiten:

Schneidet viele kleine Blätter aus Tonpapier zu. Verteilt sie im Raum.

So geht's:

Alle rennen durch den Raum und versuchen, so viele Blätter wie möglich zu „fressen", also aufzusammeln.

Variation:

Jeder von euch stellt 10 Blätter her und schreibt seinen Namen darauf. Ihr könnt auch für jeden Spieler eine andere Farbe verwenden. Die Blätter werden gemischt und im Raum verteilt. Nun muss jeder die eigenen Blätter so schnell wie möglich wiederfinden.

Schöner Schmetterling

Schmetterling, Schmetterling, bleib doch hier!
Zeige deine Flügel mir.

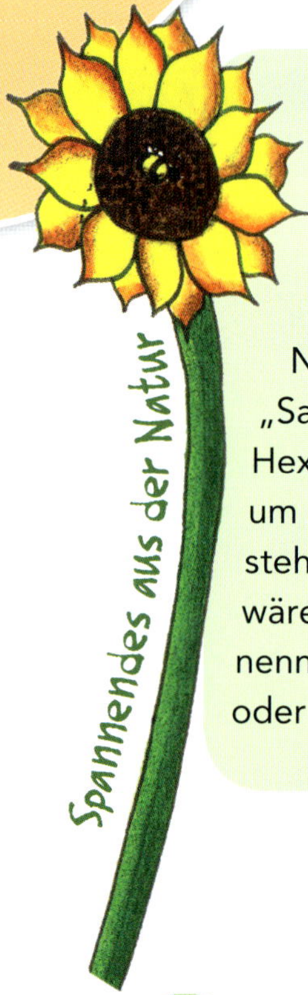

Schmettern Schmetterlinge?

Wie kam der Schmetterling zu seinem Namen? Das Wort „Schmetten" bedeutete „Sahne". Früher glaubten die Leute, dass Hexen sich in Schmetterlinge verwandeln, um umherzufliegen und Sahne und Butter zu stehlen. Die Leute dachten, Schmetterlinge wären Sahneräuber. In manchen Gegenden nennt man Schmetterlinge auch „Molkedieb" oder „Buttervogel".

Komm, wir singen!

Das Lied des Schmetterlings

(Melodie: „Mein Hut, der hat drei Ecken" oder Sprechgesang)

Als Raupe konnt' ich kriechen
(Zeigefinger abwechselnd gerade und krumm machen)
und macht' den Rücken krumm.
(Zeigefinger krümmen)
Doch heut bin ich ein Falter,
(Hände kreuzen, Daumen verhaken)
flieg überall herum.
(Finger auf- und niederklappen)

Komm, wir lesen!

Michael Ende, Manfred Schlüter: **Der Lindwurm und der Schmetterling.** Thienemann Verlag, 2005.

Meyers kleine Kinderbibliothek: **Der Schmetterling.** Bibliographisches Institut, 1998.

Komm, wir spielen!

Raupen-Schmetterlings-Rennen

So geht's:

Legt zwei Teppichfliesen im Abstand von 3 bis 5 Metern auf den Boden. Stellt euch hinter einer der Teppichfliesen auf. Kriecht wie eine Raupe zu der gegenüberliegenden Fliese und kommt flügelschlagend als Schmetterlinge zurück.

Schmetterlingsring

Du brauchst:

- Kinderschere
- Bastel- oder Seidenpapierreste
- verschließbare Tüte aus Plastik
- Pfeifenreiniger, halbiert

So geht's:

1. Schneide oder reiße bunte Reste von Bastel- oder Seidenpapier in kleine Stücke, oder knülle kleine Kugeln daraus.
   Fülle die Stücke oder Kugeln in eine Tüte. Dabei sollten sie gleichmäßig auf die beiden Hälften der Tüte verteilt werden.
   Verschließe die Tüte, und bündele sie in der Mitte zusammen.
2. Forme aus dem einen Stückchen Pfeifenreiniger einen Ring, der um deinen Finger passt. Was übersteht, schneidest du ab. Biege spitze Enden um, damit sie nicht hervorstehen und dich pieken.
3. Die andere Hälfte des Pfeifenreinigers fädelst du durch den Ring. Dann wickelst du den Pfeifenreiniger um die Mitte der Tüte und verdrehst die Enden, damit sie die Tüte festhalten.
4. Biege die Enden der Pfeifenreiniger so, dass sie wie Fühler eines Schmetterlings aussehen. Schiebe dir den Ring auf den Finger. Wedele mit der Hand auf und ab, um den Schmetterling fliegen zu lassen.

3. Schritt

Variation:

Fülle deinen Schmetterling mit bunten Frühstücksflakes oder Bonbons, und mache eine Überraschung für Partygäste daraus!

Schmetterling, Schmetterling, dreh dich um!

(Melodie: „Teddybär, Teddybär, dreh dich um“ oder Sprechgesang)

Wusstest du, dass ein Schmetterling mit seinen Füßen schmeckt? Dadurch spart er Zeit und Energie. Sobald ein Schmetterling etwas mit seinen Füßen berührt, weiß er, ob es sich lohnt, darauf zu landen und nach Nektar zu suchen. Stell dir vor, wie es wäre, wenn du mit deinen Füßen schmecken könntest, wenn du dieses Lied nachspielst!

So geht's:

Stellt euch in einem großen Kreis auf. Alle haben ihren Schmetterlingsring (S. 53) am Finger. Sie singen das folgende Lied und machen die Bewegungen mit dem Ring nach.

Schmetterling, Schmetterling, dreh dich um.

(umdrehen)

Schmetterling, Schmetterling, tanz herum.

(Hand mit Ring vorstrecken, tanzen)

Schmetterling, Schmetterling, flieg ganz hoch.

(Arm in die Höhe recken)

Schmetterling, Schmetterling, ich seh dich noch.

(Augen mit der Hand beschatten, Ring an der ausgestreckten Hand ansehen)

Schmetterling, Schmetterling, wo bist du?

(suchend umherblicken)

Schmetterling, Schmetterling, auf meinem Schuh!

(den Schuh berühren)

Schmetterling, Schmetterling, bist so schön,

(auf und nieder flattern)

Schmetterling, Schmetterling, auf meinen Zehen.

(Zehen berühren)

Schmetterling, Schmetterling, 's ist schon acht.

(acht Finger zeigen)

Schmetterling, Schmetterling, gute Nacht!

(Schmetterling hinter den Rücken fliegen lassen)

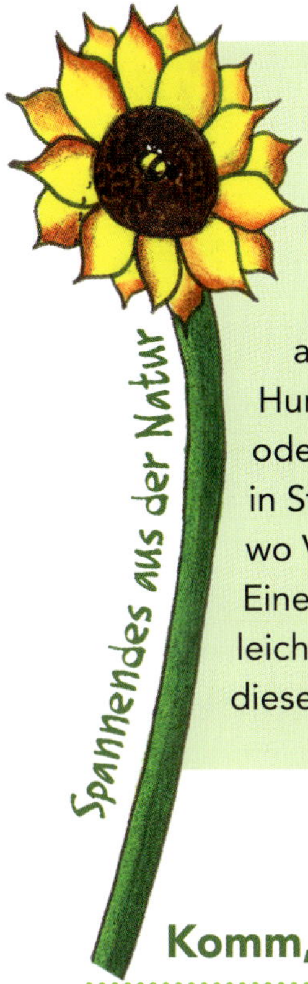

Nettes Nest

Hilf einem Vogel, ein warmes und gemütliches Nest zu bauen, und rüste ihn mit Baumaterial aus. Sammle weiche Materialien wie „Wollmäuse“ aus dem Wäschetrockner, Hundehaare, Grashalme oder Wollfäden. Hänge sie in Sträucher oder Bäume, wo Vögel sie finden können. Eines Tages siehst du vielleicht ein Nest aus genau diesen Materialien.

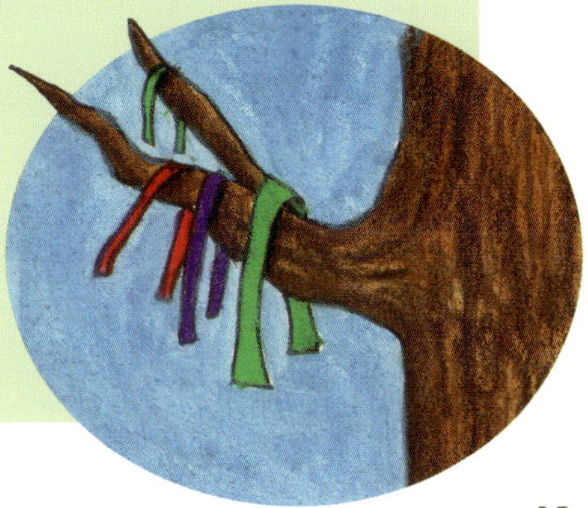

Gefiederte Freunde

Vögel sind die einzigen Tiere, die Federn haben. Federn helfen, die Haut der Vögel zu schützen und sie trocken zu halten. Ein Vogel plustert seine Federn auf, um sich warm zu halten. Oder er legt sie eng an den Körper an, damit ihm nicht zu heiß wird. Und natürlich helfen die Federn vielen Vögeln beim Fliegen!

Komm,  **wir spielen!**

Vogel im Nest

Das müsst ihr vorbereiten:

Einer von euch übernimmt die Rolle der Vogelmama oder des Vogelpapas. Alle anderen Mitspieler sind Vogelbabys. Sucht einen Platz aus, an dem das Nest sein soll.

So geht's:

Das Spiel beginnt damit, dass alle Vogelbabys außerhalb des Nestes herumfliegen. Vogelmama oder -papa muss nun alle Babys jagen und sie zurück ins Nest bringen. Der letzte Vogel, der gefangen wird, ist der nächste Vogelpapa oder die nächste Vogelmama.

Komm,  **wir singen!**

An meinem kleinen Fenster

(Melodie: „Wer hat die schönsten Schäfchen“ oder Sprechgesang)

An meinem kleinen Fenster,

(mit Daumen und Zeigefingern einen Rahmen bilden, hindurchsehen)

ein Vögelchen sitzt dort.

(Hände unter die Achselhöhlen, mit den „Flügeln“ schlagen)

Es braucht ein warmes Nestchen.

(Mit den Händen ein Nest formen)

Ich schicke es nicht fort.

(einladende Bewegung)

Fliegende Vögel

Du brauchst:

- Bleistift
- Tonpapier
- Kinderschere
- Klebestift
- Filzstifte
- Locher und Wollfaden

  oder
- Bastelstäbe oder Eisstiele

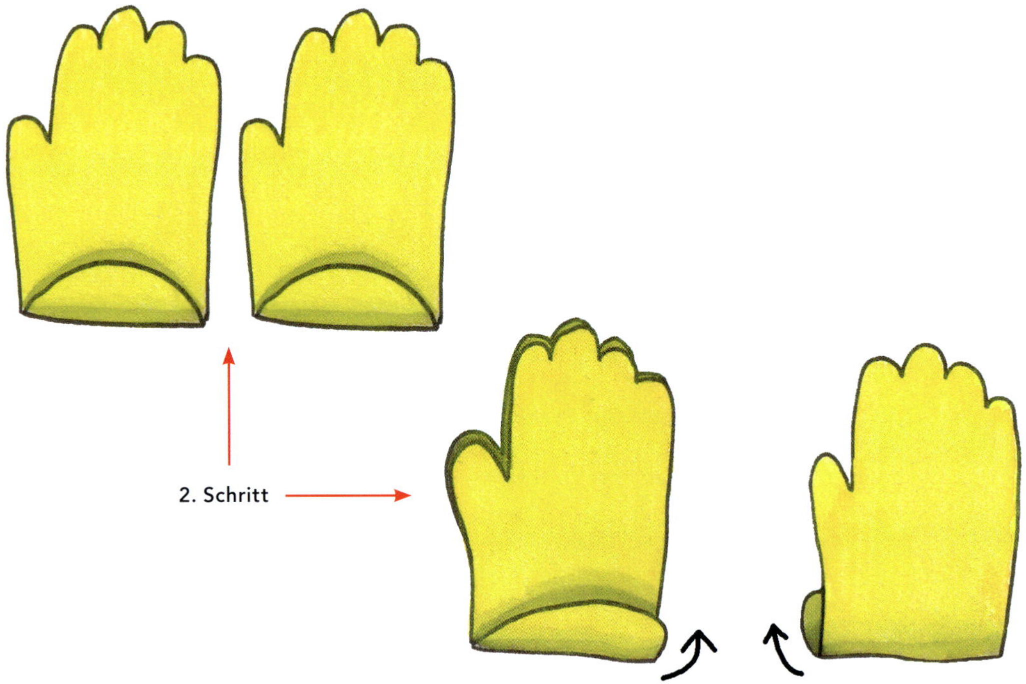

So geht's:

1. Zeichne den Umriss deines Fußes auf einem Stück Tonpapier nach. Falte ein weiteres Stück Papier auf die Hälfte, und male deine Hand darauf ab. Schneide beides aus.
2. Halte beide Handabdrücke zusammen und knicke sie quer über den Handteller, wie auf dem Bild (S. 56) gezeigt. Dann trenne die Handabdrücke, und knicke den Falz bei einem von ihnen in die andere Richtung.
3. Bestreiche den umgefalteten Teil eines Handabdrucks mit Kleber. Klebe ihn an den Fußabdruck. Drehe den Vogel um, und wiederhole dasselbe mit dem anderen Handabdruck.
4. Falte ein weiteres Stück Tonpapier auf die Hälfte, und schneide zwei Schnäbel aus. Klebe jeweils einen Schnabel auf jede Seite des Vogels. Male mit Filzstift Augen und andere Einzelheiten auf.
5. Überlege, ob du einen Vogel zum Aufhängen haben möchtest oder eine Stabpuppe.

Zum Aufhängen:

Fasse den Vogel mit zwei Fingern hinter den Flügeln und versuche, den Punkt zu finden, an dem der Vogel ausbalanciert ist. Dann mache mit dem Locher ein Loch hinter den Flügeln. Befestige einen Wollfaden daran.

Stabpuppe:

Klebe einen Bastelstab an einer Seite des Vogels fest, gleich hinter dem Flügel. Wedele mit deinem Vogel vor und zurück, dann schlägt er mit den Flügeln.

Komm, wir zeichnen!

Sieh dir die einfachen Formen bei diesem stehenden Vogel an. Versuche, auch einen Vogel zu zeichnen.

Male diese einfachen Formen mit einem Bleistift nach. Füge Federn und ein Auge hinzu.

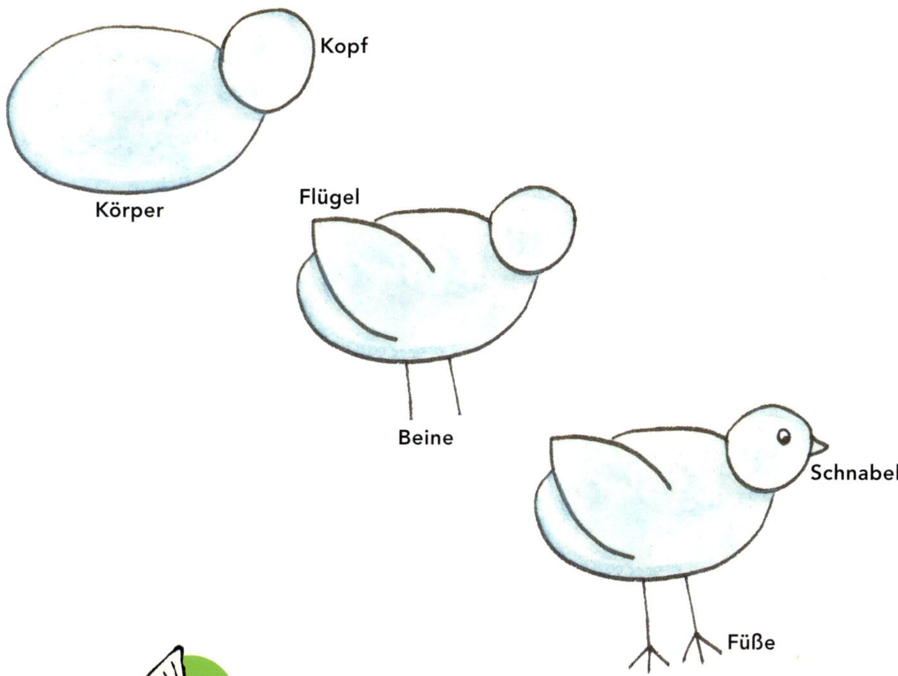

Komm, wir lesen!

Göran Bergengren, Ingvar Björk: **Mein erstes Vogelbuch.** Franck-Kosmos-Verlag, 2002.

Anne Möller: **Rotschwänzchen, was machst du hier im Schnee?** Atlantis Verlag, 2003.

Edith Schreiber-Wicke, Carola Holland: **Als die Raben noch bunt waren.** Thienemann Verlag, 2005.

Bummelige Schnecken

Schnecken gehören zu den bummeligsten Bummelanten der Natur. Sie bewegen sich sehr l-a-n-g-s-a-m. Auf einem großen abgeflachten „Fuß" gleiten sie dahin. Sieh dich mal nach Schneckenspuren in und um deinen Garten herum um. Kannst du Blätter, Früchte und Gemüse sehen, bei denen ein Stückchen abgebissen ist? Siehst du Schleimspuren auf dem Bürgersteig in der Nähe des Gartens? Wenn ja, dann hast du wahrscheinlich ein paar Schnecken zu Besuch!

Komm, wir basteln!

Gleitende Schnecke

Du brauchst:

- Tacker
- 2 Pappteller
- schwarzen Filzstift
- Kinderschere
- Seidenpapier oder Transparentpapier (mehrere Farben)
- Pinsel
- Kleber
- Tonpapier

So geht's:

1. Hefte die beiden Pappteller so zusammen, dass die Oberseiten einander zugewandt sind. Falte die unteren Ränder der Teller nach innen. Male mit dem schwarzen Filzstift eine Spirale auf das vordere „Schneckenhaus" (Teller).
2. Schneide Quadrate und andere Formen aus Seidenpapier zu. Bestreiche das Schneckenhaus mit Kleber, und lege die Formen darauf. Wenn du eine glänzende Oberfläche haben möchtest, streiche eine Schicht Kleber über das Seidenpapier. Lass den Kleber trocknen.
3. Schneide Kopf und Fuß der Schnecke aus Tonpapier aus. Hefte sie von innen mit einem Tacker an die Vorderseite des Schneckenhauses. Male ein Gesicht auf den Schneckenkopf.

1. Schritt

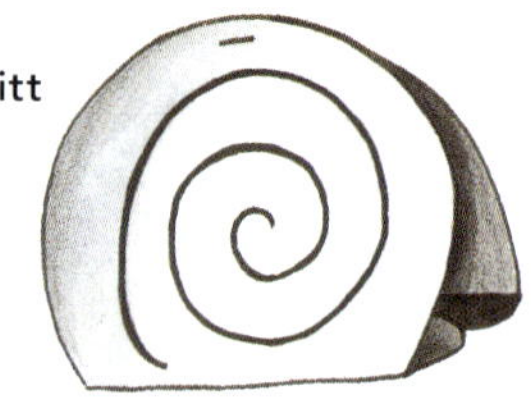

3. Schritt

Komm, wir spielen!

Schneckenhausstaffel

Das müsst ihr vorbereiten:

Schneidet den Boden aus einer großen Papiertüte, und malt ein Schneckenhaus auf den offenen Rest. Wenn die Kanten scharf sind, faltet sie nach innen, und befestigt sie mit Klebeband. Legt zwei Teppichfliesen 1 oder 2 Meter voneinander entfernt auf den Boden. Bildet zwei gleich große Gruppen, die sich hintereinander hinter die Teppichfliesen stellen.

So geht's:

Der Erste in einer der Reihen zieht das Schneckenhaus über und rennt zu der anderen Fliese. Dann streift er das Schneckenhaus ab und übergibt es an den ersten Läufer der anderen Mannschaft, der zu der Ausgangsfliese zurückläuft. Das Spiel geht so lange weiter, bis jeder an der Reihe war.

Komm, wir singen!

Zwei Schnecken

(Melodie: „Ein Mann, der sich Kolumbus nannt" oder Sprechgesang)

Zwei Schnecken krochen einst umher,

(zwei Fäuste als Schneckenhäuser machen,
die Daumen schauen als Köpfe hervor)

rechts und links und rundherum.

(umdrehen)

Durch meinen Garten kreuz und quer

(alle laufen durcheinander)

rechts und links und rundherum.

(umdrehen)

Sie suchten sich ein Mittagsmahl

(suchend umherblicken)

und fraßen meine Beete kahl.

(mit den Händen abwechselnd Bisse nachahmen)

Kohl, Tomaten und Spinat,
Petersilie, Gurken und Salat,
Schnittlauch und Basilikum,
rechts und links und rundherum.

(nach rechts gehen, nach links gehen, umdrehen,
dabei mit den Händen „fressen")

Schlängelnde Schlange

Spannendes aus der Natur

Sssss!

Schlangen kommen bei uns nur selten in den Garten. Am Teich kannst du vielleicht eine Ringelnatter sehen, die Frösche oder Fische jagt. Alle Schlangen, große und kleine, sind Raubtiere. Das bedeutet, dass sie andere Tiere fressen. Schlangen kauen ihre Nahrung nicht, egal, wie groß sie ist. Sie schlingen alles am Stück hinunter! Manche Schlangen können ihre Kiefer aushängen, sodass sie ihr Maul weit aufreißen können.

Komm, wir singen!

Die zaudernde Zäzilie

(Eigene Melodie oder Sprechgesang)

Die zaudernde Zäzilie
war eine zarte Schlange.

(den Daumen vor die Fingerkuppen legen und so einen Schlangenkopf bilden und herumschlängeln)

Sie züngelte zischelnd und zeigte die Zähne,
doch eigentlich war ihr ganz bange.

(Schlangenkopf in der Armbeuge verstecken)

Sie übte das Zischeln und Züngeln und Zwacken,
und hatte ein einziges Ziel:
Sie wollte nie mehr zaudern und zagen
und dafür übte sie viel.

(mit dem Schlangenkopf herumschlängeln)

Und eines Tages war es so weit.
Sie traf zwei zitternde Zecken.

(zittern und bibbern)

Zäzilies Entzücken war grenzenlos:
Sie konnte die beiden erschrecken!

(Erschreck-Geste machen)

Mit viel Zzzzzzischen vorzutragen!

Komm, wir zeichnen!

Sieh dir die einfachen Formen bei dieser Schlange an.
Erkennst du die S-Form? Versuche, sie zu zeichnen.

Füge Augen und Schuppen hinzu.

Komm, wir lesen!

Janell Cannon: **Verdi.**
Carlsen Verlag, 1999.

Christiane Gunzi: **Tessloffs erstes Buch der Schlangen** (ab 6).
Tessloff Verlag, 2004.

Rolf Siegenthaler, Marcus Pfister: **Keine Bange, liebe Schlange.**
Nord-Süd-Verlag, 1999.

Komm, wir spielen!

Staffellauf schlängelnder Schlangen

Schlangen haben weder Arme noch Beine. Aber sie haben eine sehr biegsame Wirbelsäule und kräftige Muskeln, die ihnen helfen, sich über den Boden zu schlängeln. Könnt ihr euch über den Boden schlängeln, ohne Arme und Beine zu benutzen?

Das müsst ihr vorbereiten:

Baut einen Tunnel aus Laken, Decken und Stühlen. Teilt euch in zwei gleich große Gruppen, und stellt euch hintereinander am Tunneleingang und -ausgang auf. Ein Mitspieler ist die erste Schlange.

So geht's:

Die Schlange legt sich auf den Bauch und schlängelt sich durch den Tunnel. Das Zischen nicht vergessen! Wenn sie das andere Ende erreicht hat, wird der Erste aus der anderen Gruppe die nächste Schlange. Sie schlängelt sich ebenfalls durch den Tunnel. Das Spiel geht so lange weiter, bis jeder einmal an der Reihe war.

Sockenschlangen-Handpuppe

Du brauchst:

- 1 weiße Socke
- Stück Pappe
- Filzstifte
- evtl. Stoffreste und Kleber

So geht's:

1. Stecke ein langes Pappstück in die Socke, damit du sie gut bemalen kannst. Bemale deine Sockenschlange mit Filzstiften, oder klebe die Stoffreste als Schuppen auf. Male Augen und Zunge auf, wie auf dem Bild gezeigt. Lass die Schlange trocknen, bevor du die Pappe herausnimmst.
2. Zieh dir die Socke über die Hand, und deine Schlängelschlange wird lebendig. Singe oder sprich das Lied von Seite 60 dazu.

Im Zoo

Elefanten, Affen und Bären sehen,
wie ein stolzer Pfau durch's Gelände gehen.
Wo kannst du solche Sachen machen, ja wo?
Natürlich im Zoo!

Löwengebrüll und Nilpferdgalopp,
Känguru-Sprünge, hopp, hopp, hopp.
Wo kannst du solche Sachen machen, ja wo?
Natürlich im Zoo!

Wie die Giraffe den Hals lang recken
und außerdem die Zunge rausstrecken.
Wo kannst du solche Sachen machen, ja wo?
Natürlich im Zoo!

Guck mal – Elefanten!

Beginne deinen Zoobesuch bei den Elefanten. Sie sind erstaunliche Tiere mit ihrem langen kräftigen Rüssel. Und es macht viel Spaß, sie zu beobachten, weil sie so große Ohren zum Wedeln haben!

Riesige Rüssel

Die Nase eines Elefanten nennt man einen Rüssel. Elefanten benutzen ihren Rüssel zum Atmen und Riechen, um Sachen aufzuheben, zum Trinken und zum Baden. Ein Elefant kann mit seinem Rüssel so kleine und zerbrechliche Dinge aufheben wie eine Erdnuss oder so große und schwere Sachen wie einen Baumstamm!

Komm, wir singen!

Der Elefantentanz

(Melodie: „Brüderchen, komm tanz mit mir" oder Sprechgesang)

Elefanten tanzen so,
wackeln dabei mit dem Po:
(mit dem Po hin und her und nach Bauchtanzart rundherum wackeln)
Einmal hin, einmal her,
rundherum, das ist nicht schwer.
(um die eigene Achse drehen)

Rechts und links der Rüssel schwingt,
(Arme ausstrecken, Hände verschränken, wie einen Rüssel schwenken)
und die ganze Herde singt:
Einmal hin, einmal her,
rundherum, das ist nicht schwer.
(nach rechts und links schwingen, um die eigene Achse drehen)

Stampfen mit dem rechten Bein
Löcher in die Erde rein.
(mit rechts aufstampfen)
Einmal hin, einmal her,
rundherum, das ist nicht schwer.
(nach rechts und links gehen, um die eigene Achse drehen)

Dann sind beide Füße dran,
jeder macht, so schnell er kann:
einmal hin, einmal her,
rundherum, das ist nicht schwer.
(mit geschlossenen Füßen nach rechts und links springen, im Kreis drehen)

Komm, wir spielen!

Schiebestaffel mit dem Rüssel

Das müsst ihr vorbereiten:

Teilt euch in zwei gleich große Gruppen. Jede Gruppe stellt sich hinter einer von zwei Teppichfliesen auf, die ungefähr 5 bis 7 Meter voneinander entfernt liegen. Stellt einen umgedrehten Eimer oder einen Wäschekorb vor den ersten Spieler der Gruppe, die die Staffel beginnt.

So geht's:

Auf ein Signal verhakt der erste Spieler seine beiden Arme zu einem Rüssel: Mit diesem Rüssel versucht er, den Wäschekorb von einer Teppichfliese zur anderen zu schieben. Wenn er auf der anderen Seite angekommen ist, übernimmt das erste Kind in dieser Reihe die Rolle des Elefanten. Das Spiel geht so lange weiter, bis alle Spieler an der Reihe waren.

Komm, wir zeichnen!

Sieh dir die einfachen Formen in diesem Elefanten an. Versuche, ihn zu zeichnen.

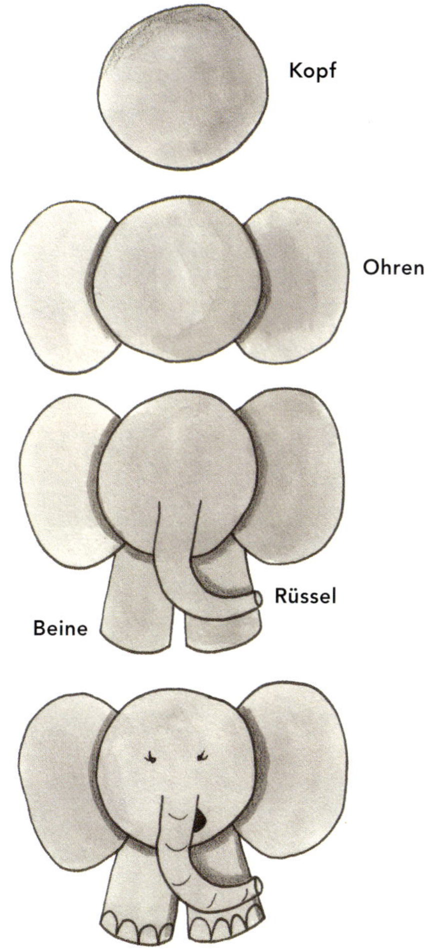

Versuche, den Rüssel in verschiedenen Positionen zu malen. Male Linien, die aus dem Rüssel herauskommen, sodass es aussieht, als würde der Elefant Wasser sprühen. Bespritzt er sich selbst oder einen anderen Elefanten?

Komm, wir basteln!

Elefantenmaske

Du brauchst:

- Schwamm
- graue Malfarbe (z.B. Tempera) in einem Schraubdeckel
- 1 großen Pappteller
- Kinderschere
- graues Tonpapier
- Tacker
- Klebeband
- Bastelstab oder Eisstiel

So geht's:

1. Tauche einen Schwamm in graue Farbe, und betupfe damit den Pappteller. Lass die Farbe trocknen.
2. Schneide die Ohren und den Rüssel des Elefanten aus Tonpapier aus, wie auf dem Bild gezeigt. Hefte sie an den Pappteller. Lass dir von einem Erwachsenen dabei helfen, den Rüssel aufzurollen.
3. Halte dir die Maske vor das Gesicht, und überlege, wo die Gucklöcher für die Augen sein müssen. Schneide vorsichtig zwei Löcher in den Teller.
4. Befestige einen Eisstiel oder ein Bastelstäbchen mit Klebeband an der Rückseite der Maske.

Komm, wir lesen!

Eric Carle: **1, 2, 3 ein Zug zum Zoo.**
Gerstenberg Verlag, 2006.

David McKee: **Elmar.**
Thienemann Verlag,1989.

Monika Weitze, Eric Battut: **Wie der kleine rosa Elefant einmal sehr traurig war und wie es ihm wieder gut ging.**
Bohem Press, 1999.

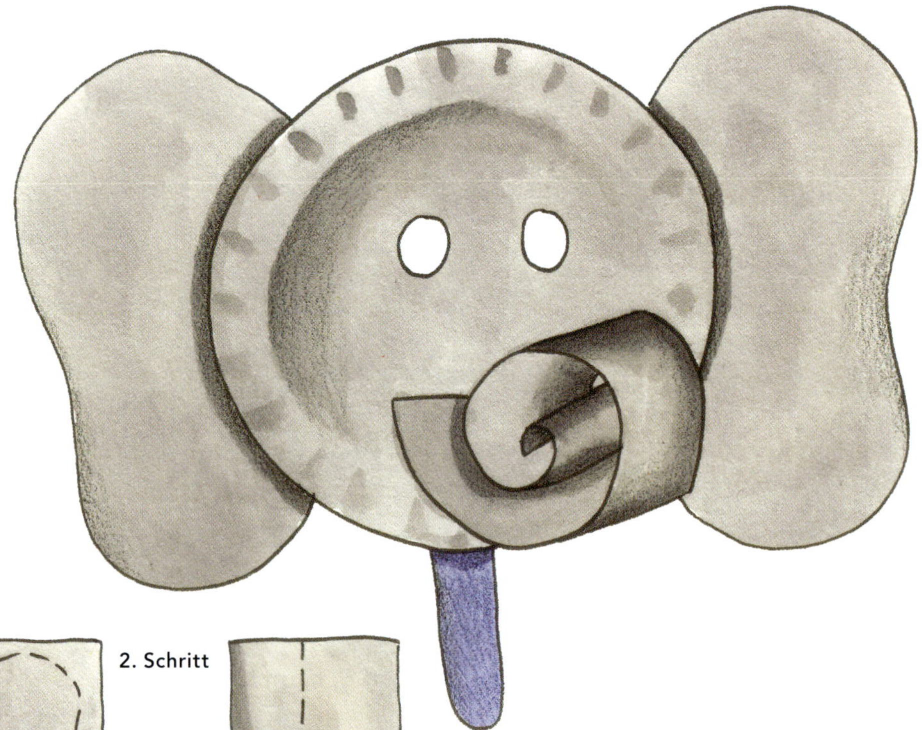

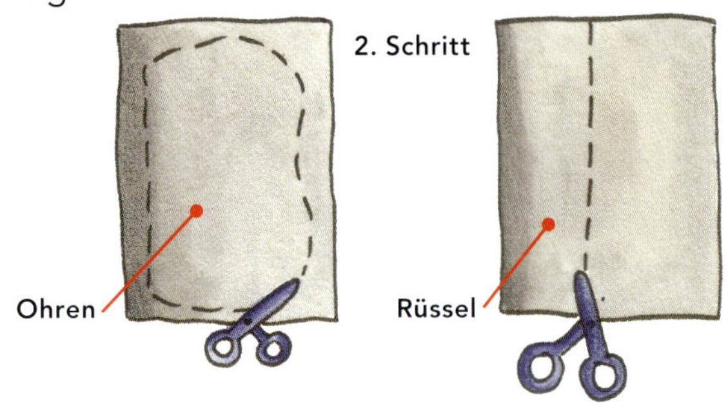

Ein klitzekleiner Löwe

(Melodie: „Ein Männlein steht im Walde" oder Sprechgesang)

Ein klitzekleiner Löwe, der sitzt im Zoo.
(Faust machen und Daumen vorstrecken)
Er ist dort ganz alleine und fürcht' sich so.
(Daumen in der Faust verstecken)
Hör dir mal den Löwen an,
er brüllt los, so laut er kann,
brüllt und brüllt und brüllt, so laut er kann.
(Daumen vorstrecken und BRÜLLEN!)

*(**Weitere Verse:** Wiederholt die Fingerspiele für die ersten drei Zeilen, und passt das Fingerspiel für die letzten beiden Zeilen dem Tier an, das darin vorkommt.)*

'Ne riesige Giraffe, die steht im Zoo.
Sie ist dort ganz alleine und fürcht' sich so.
Sieh dir die Giraffe an,
sie macht sich lang, so lang sie kann,
reckt und reckt und reckt sich, wie sie kann.
(Daumen hochstrecken)

Ein dicker Elefant, der sitzt im Zoo.
Er ist dort ganz alleine und fürcht' sich so.
Hör dir den Elefanten an,
er trompetet, was er kann,
er trompetet laut, so laut er kann.
(mit einer Hand die Nase packen, anderen Arm als Rüssel durchstecken und trompeten)

Brüllender Löwe

Die Familie eines Löwen nennt man sein Rudel. Sie spielen und arbeiten Seite an Seite.

Vielleicht macht es euch Spaß, euch noch mehr Fingerspielreime auszudenken.

Hier sind ein paar Tipps:

Das flinke Känguru springt weit ...
Der schöne Pfau stolziert ...

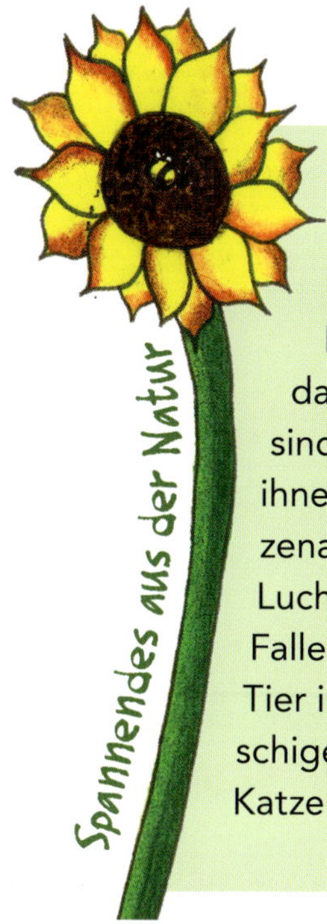

Miau! Grrrr! Brüll!

Hast du eine Katze? Wenn du eine hast, weißt du, dass Hauskatzen wunderbare Haustiere sein können – sie sind meistens sanft, verschmust, und es macht Spaß, mit ihnen zu spielen. Aber weißt du auch, dass es andere Katzenarten gibt, die nicht als Haustiere gehalten werden? Luchse, Jaguare und Leoparden, um nur einige zu nennen. Fallen dir noch mehr ein? Hier ist ein Tipp: Du kannst dieses Tier in einem Zirkus oder im Zoo sehen. Es hat eine flauschige Mähne um den Kopf. Na, kannst du raten, welche Katze gemeint ist?

Gefädelter Löwe

Du brauchst:

- 1 großen Pappteller
- gelbe Malfarbe (z.B. Tempera) in einem Schraubdeckel
- Pinsel
- Bleistift
- Klebeband
- Wollfaden, 165 cm lang, beliebige Farben
- schwarzen Filzstift

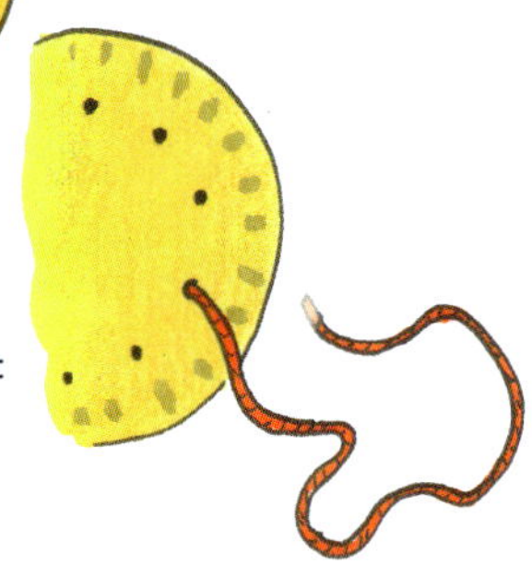

2. Schritt

So geht's:

1. Male den Pappteller gelb an. Lass ihn trocknen. Mache mit einem Bleistift Löcher rings um die Mitte des Tellers. Lass dir von einem Erwachsenen dabei helfen.
2. Umwickle ein Ende des Wollfadens mit Klebeband, sodass eine Art stumpfe Nadel entsteht. Das andere Ende bindest du an dem Teller fest. Fädle den Faden durch die Löcher und um den äußeren Rand des Tellers. Das ist die Löwenmähne.
3. Male mit Filzstift ein Löwengesicht auf den Teller.

Tipp:

Du kannst die Farbe des Wollfadens wechseln oder einen neuen Faden anfangen. Dann musst du die Fadenenden an den Löchern verknoten oder sie an der Rückseite des Tellers mit Klebeband festkleben. Mache die Mähne so dünn oder dicht, wie du magst. Du kannst den Wollfaden auch durch die Löcher um die Mitte fädeln und so das Gesicht hervorheben wie in dem Bild.

Komm, wir lesen!

Louise Fatio, Roger Duvoisin: **Der glückliche Löwe.**
Kerle Verlag, 2006.

Meyers kleine Kinderbibliothek: **Der Löwe.**
Bibliographisches Institut, 1999.

Dirk Walbrecker, Pieter Kunstreich: **Die kleinen Löwen.**
Patmos Verlag, 2005.

Komm, wir spielen!

Lauter Löwen?

(Melodie: „Brüderchen, komm tanz mit mir“ oder Sprechgesang)

Löwe, streck die Klauen aus,

(im Kreis aufstellen, die Hände mit abgespreizten Fingern in die Mitte strecken)

Löwe, zieh die Klauen ein.

(die Hände zurückziehen)

Streck sie aus,

(Hände ausstrecken)

zieh sie ein,

(Hände zurückziehen)

kannst du denn ein Löwe sein?

(zum Beweis laut brüllen und Löwensprünge machen)

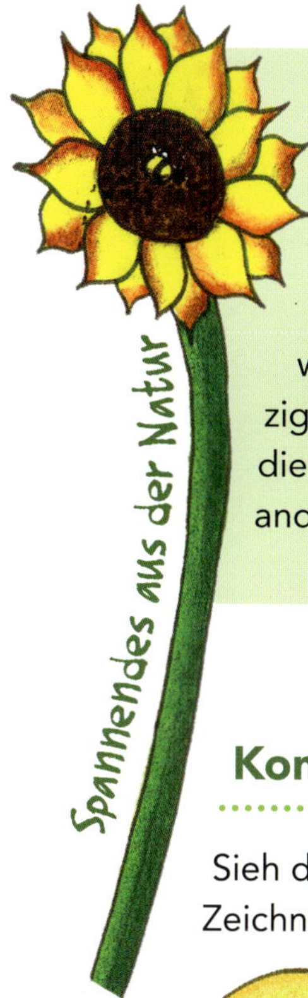

Ein königliches Tier

Die Haare, die um den Kopf, den Hals und die Schultern eines männlichen Löwen wachsen, nennt man Mähne. Sie kann bis zu 50 cm lang werden. Erwachsene Löwenmänner sind die einzigen Katzentiere, die eine Mähne haben. Meinst du, die Mähne lässt den Löwen wilder aussehen als andere Tiere?

Komm, wir zeichnen!

Sieh dir die einfachen Formen bei diesem Löwen an. Zeichne selbst einen Löwen.

Füge Striche hinzu, um die Beine deutlich zu machen. Füge Augen, die Nase und einen Schwanz hinzu. Male eine Mähne.

Eine große, große Giraffe

Komm, wir basteln!

Eine überragende Giraffen-Handpuppe

Du brauchst:

- 3 große Pappteller
- Kinderschere
- schwarzen Filzstift
- gelbe und braune Malfarbe (z.B. Tempera) in getrennten Deckeln
- Pinsel
- braunes und orangefarbenes Tonpapier
- Tacker

So geht's:

1. Für den langen Giraffenkopf faltest du die beiden Seiten eines Papptellers nach innen. Lege die anderen beiden Pappteller aufeinander. Zeichne die Ohren und die Hörner auf, und schneide sie aus. Falte die Seiten der Ohren nach vorne.
2. Mit dem schwarzen Filzstift malst du Augen auf das Gesicht. Male die Giraffe gelb an, mit braunen Flecken.
3. Schneide das Maul und die Zunge aus Tonpapier zu. Hefte sie mit einem Tacker an das Gesicht.
4. Hefte ein Stück vom Rand eines Papptellers an die Rückseite des Giraffenkopfes. Das ist der Griff.
5. Singe „Tanz um den Baum", während du deinen Giraffenkopf so hoch wie möglich in die Luft reckst.

Komm, wir lesen!

Peter Blight, Michael Terry: **Die einsame Giraffe.**
Bloomsbury Press, 2005.

Meyers kleine Kinderbibliothek: **Die Giraffe.**
Bibliographisches Institut, 2006.

Isabel Pin: **Ein Regentag im Zoo.**
Bajazzo Verlag, 2006.

Komm, wir singen!

Tanz um den Baum

(Melodie: „Bruder Jakob" oder Sprechgesang)

Giraffen mögen am liebsten Blätter vom Akazienbaum.

Kommt, wir tanzen,

(an den Armen fassen oder eine Giraffenpuppe über den Kopf halten)

kommt, wir tanzen
um den Baum,
um den Baum,
strecken unsren Hals,

(Arm oder Puppe ganz hoch strecken)

strecken unsren Hals,
ganz, ganz lang,
ganz, ganz lang.

… rupfen ab die Blätter,

(mit den Fingern oder mit der Giraffenpuppe Zupfbewegungen machen)

rupfen ab die Blätter,
zupf, zupf, zupf,
zupf, zupf, zupf.

Komm, wir singen!

Die Giraffe und der hohe Baum

(Melodie: „Drei Chinesen mit dem Kontrabass“ oder Sprechgesang)

Ganz hoch oben auf dem höchsten Baum

(Arme über dem Kopf in die Höhe recken, mit den Fingern wackeln)

da hängen ein paar Blätter, ja, man sieht sie kaum.

Ich mache meinen Hals so lang ich kann,

(Arme über dem Kopf in die Höhe recken,
die Hände wie einen Giraffenkopf halten)

und mit meiner Zunge komm ich dran.

(Zunge ganz weit herausstrecken)

Mmmh! Lecker!

(diesen Vers sprechen, Bauch reiben)

Spannendes aus der Natur

Das höchste Tier der Welt!

Alles an einer Giraffe ist lang: die Beine, der Körper, der Schwanz, der Hals und sogar die Zunge! Die Giraffe ist tatsächlich das höchste Tier der Welt: Sie überragt alle anderen! Dadurch kommt sie leicht an Blätter hoch oben in einem Baum. Weil sie so groß ist und so gut sehen kann, kann eine Giraffe drohende Gefahren aus der Ferne erkennen. Und dann kann sie ihre langen Beine dafür nutzen, sich in langen Schritten davonzumachen.

Komm, wir zeichnen!

Die Flecken auf dem Fell einer Giraffe sind wie Fingerabdrücke – jeder ist unterschiedlich. Sieh dir die einfachen Formen bei dieser Giraffe an. Versuche, sie nachzuzeichnen.

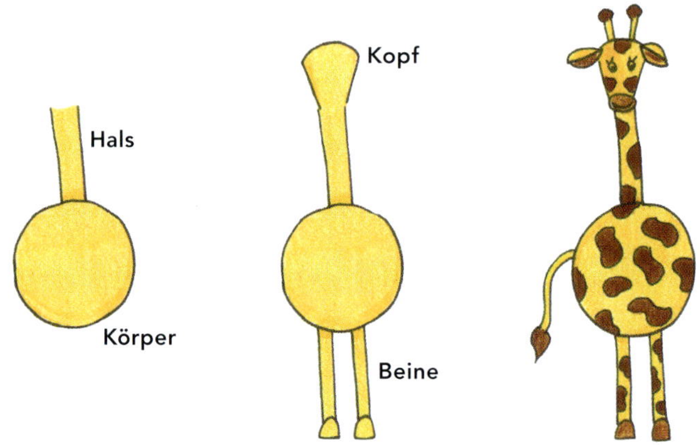

Füge Flecken und einen Schwanz hinzu.
Male Bäume mit Blättern, die deine Giraffe fressen kann.

Komm, wir singen!

Zugeschnappt!

Das Krokodil

(Melodie: „Hopp, hopp, hopp, Pferdchen, lauf Galopp" oder Sprechgesang)

Schnapp, schnapp, schnapp,
das Krokodil beißt ab.

(Arme lang machen, dreimal in die Hände klatschen, dann die Hände verschränken und hin und her bewegen)

Freut sich über reiche Beute,
ist die erste Mahlzeit heute.

(mit der Hand den Bauch reiben, Lippen lecken)

Schnapp, schnapp, schnapp,
das Krokodil beißt ab.

(die ersten Bewegungen wiederholen)

Krokodilalarm!

Krokodile verbringen den größten Teil ihres Lebens im Wasser. Ihre Augen und Nasenöffnungen befinden sich ganz oben am Kopf. Auf diese Weise können sie sich fast ganz unter der Wasseroberfläche verstecken und auf ihre nächste Mahlzeit warten. Schnapp!

Krokodil mit Schnappmaul

Krokodile haben sehr kräftige Kiefer mit jeder Menge Zähne.
Sie bekommen ihr ganzes Leben lang immer wieder neue Zähne.
Wenn die alten Zähne abbrechen oder stumpf werden,
fallen sie aus und werden durch neue ersetzt.
Ein Krokodil kann im Laufe seines Lebens Hunderte
– sogar Tausende – von Zähnen haben.
Stellt euch bloß diese Zähneputzerei vor!

Du brauchst:

- 2 Pappteller ohne Kunststoffbezug
- Kinderschere
- rote, grüne und schwarze Filzstifte oder Farbe
- Tacker
- Reste von Papptellern oder von Tonpapier
- Klebeband

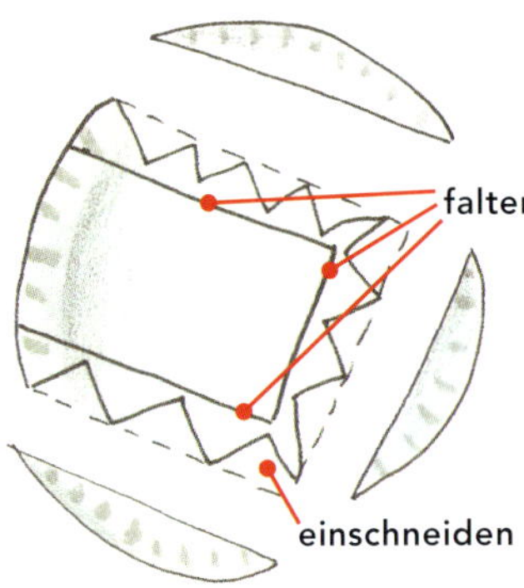

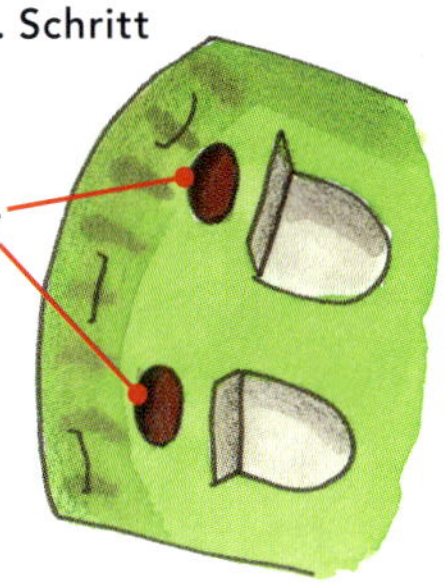

So geht's:

1. Lege zwei Pappteller aufeinander. Falte für den Krokodilkopf drei Ränder nach unten. Schneide die Rundungen ab. Schneide Dreiecke für die Zähne aus. Die Zahnreihen sollten ungefähr 2,5 cm hoch sein.
2. Lege die Pappteller einzeln vor dich hin. Den oberen Teller malst du von beiden Seiten grün an, aber nicht die Zähne. Das ist die obere Hälfte der Schnauze. Auf die Oberseite des anderen Tellers malst du mit roter Farbe eine Zunge. Die restlichen Flächen malst du grün an, auch die Unterseite. Dieser Teller ist die untere Hälfte der Schnauze. Tackere die beiden Hälften am runden Rand aufeinander und falte die Zähne in das Maul.
3. Schneide aus Resten von Papptellern einen Streifen zu, der 2,5 cm breit und 10 cm lang ist. Hefte ihn mit einem Tacker an die untere Hälfte der Schnauze, und male ihn grün an. Aus anderen Papierresten schneidest du Augen und Nasenöffnungen zu. Am unteren Rand faltest du einen Kleberand um. Male Augäpfel auf, und male die Nasenöffnungen an. Klebe die Augen und Nasenöffnungen auf die obere Hälfte der Schnauze.
4. Bitte einen Erwachsenen, hinter den Augen zwei Fingeröffnungen in die obere Schnauzenhälfte zu schneiden. Nun legst du deinen Mittelfinger auf die Schnauze, schiebst zwei Finger in die Löcher und führst deinen Daumen durch den Riemen. Öffne und schließe die Finger, und lasse dein Krokodil schnappen. Singe das Lied „Das hungrige Krokodil" mit deiner Puppe in der Hand.

Das hungrige Krokodil

(Sprechgesang mit Handbewegungen oder mit Handpuppe)

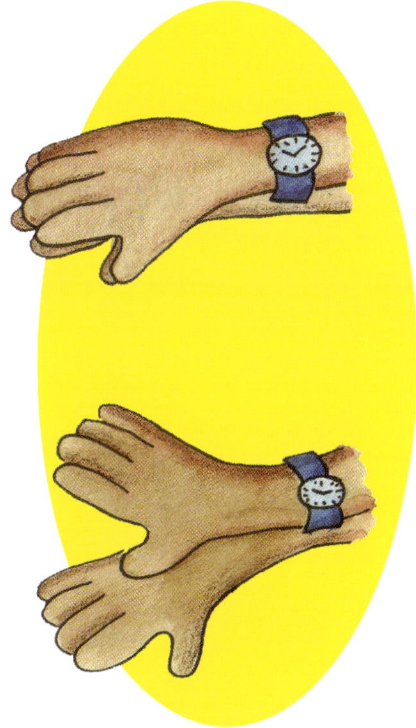

Das Krokodil hat Hunger.

(Hände aufeinanderlegen wie eine Krokodilschnauze)

Sucht was zum Abendessen.

(mit den Händen hin und her wackeln)

Da sieht es einen kleinen Fisch
und hat ihn schon gefressen.

(Arme ausstrecken, Hände aufeinanderlegen und mit den Fingern malmende Bewegungen machen)

Viel Spaß mit diesem Sprechgesang. Was frisst das Krokodil als Nächstes? Einen riesigen Hamburger, eine rote Tomate, ein Nilpferd oder ein Haus?

Wen schnappt das Krokodil?

Das müsst ihr vorbereiten:

Nehmt für jedes Kind einen Bogen Tonpapier. Auf einen der Papierbögen malt ihr ein großes Krokodil. Stellt euch im Kreis auf, jeder auf ein Papierstück. Dann wird ein Kurzzeitwecker auf weniger als eine Minute eingestellt.

So geht's:

Geht im Kreis herum, und tretet dabei auf alle Papierstücke. Jeder versucht, nicht auf dem Papier mit dem Krokodil zu stehen, wenn der Wecker losgeht.

Variationen:

Alle sitzen im Kreis und reichen ein Stofftier (oder ein zusammengefaltetes Paar Socken) als Krokodil herum.
Sie versuchen, nicht gerade in dem Moment das „Krokodil" in der Hand zu halten, wenn der Wecker läutet.
Wenn ihr keinen Kurzzeitwecker habt, spielt Musik ab. Ein Spieler steht dann mit dem Rücken zur Gruppe und stoppt die Musik. Wer das „Krokodil" hat, wenn die Musik abbricht, muss in der nächsten Runde die Musik abspielen.

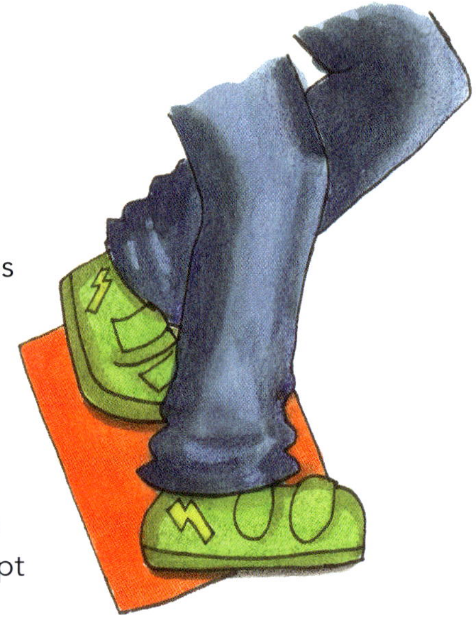

Komm, wir spielen!

Nilpferdrückenhopsen

Das müsst ihr vorbereiten:

Legt Teppichfliesen oder Kissen in einer Reihe auf den Boden. Das sind die Rücken von Nilpferden, die in einem Krokodilsumpf baden.

So geht's:

Überquert den Krokodilsumpf, indem ihr von Kissen zu Kissen hüpft. Fallt nicht hinein, dann könnte euch ein Krokodil fressen!

Komm, wir singen!

Nilpferdgalopp

(Melodie: „Hopp, hopp, hopp" oder Sprechgesang)

Hopp, hopp, hopp,
Nilpferd, lauf Galopp,
in den Fluss und über Steine,
aber brich dir nicht die Beine.
Hopp, hopp, hopp,
Nilpferd, lauf Galopp,

(Beim Singen auf allen vieren durch den Raum galoppieren. Dagegen sieht ein Nilpferd wahrscheinlich ziemlich elegant aus!)

Glückliches Nilpferd

Du brauchst:

- Kinderschere
- 3 große Pappteller ohne Plastikbezug
- Tacker
- graue und pinkfarbene Malfarbe (z.B. Tempera) in getrennten Deckeln
- Pinsel
- Reste von Papptellern oder Papierreste
- schwarzen Filzstift
- doppelseitiges Klebeband
- Zeitungspapier

1. Schritt

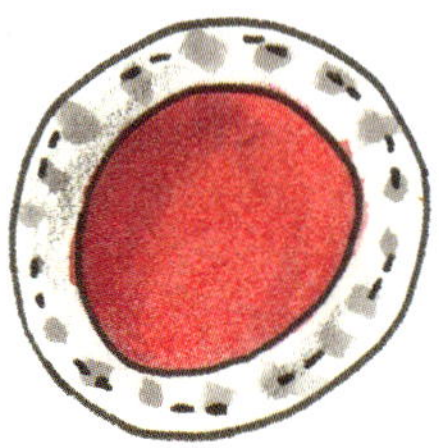

2. Schritt

3. Schritt

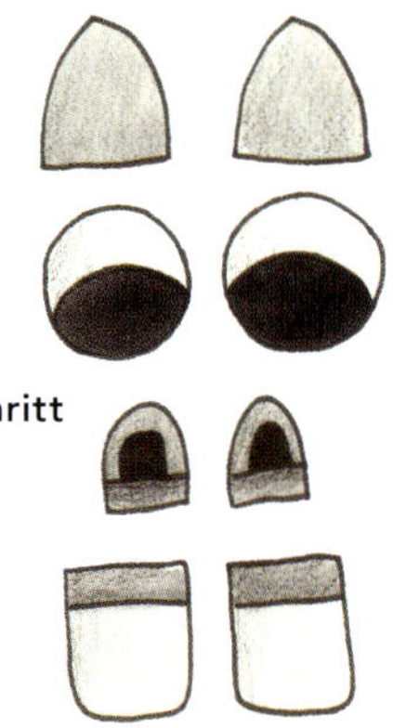

4. Schritt

So geht's:

1. Schneide einen Pappteller in der Mitte durch. Falte den zweiten Pappteller auf die Hälfte. Hefte die beiden einzelnen Papptellerhälften auf die Rückseite des gefalteten Tellers, sodass zwei Taschen entstehen.
2. Male die Außenseite der Taschen grau an. Lass sie trocknen. Falte den Teller auf. Für das Maul des Nilpferdes malst du die Mitte des Tellers pink an. Den Rand des Tellers malst du grau. Lass die Farbe trocknen.
3. Falte den dritten Teller auf die Hälfte, und falte ihn dann wieder auf. Schneide die untere Hälfte spitz zulaufend zu. Schneide die unterste Spitze ab, wie auf dem Bild gezeigt. Schiebe nun diesen Teil des Tellers in die vordere Tasche. Hefte den Teller mit dem Tacker fest (aber nur an die vordere Tasche heften). So entsteht die Stirn des Nilpferdes.
4. Schneide Ohren, Augen, Nasenöffnungen und Zähne aus Papierresten zu, wie im Bild gezeigt. Mit schwarzem Filzstift malst du die Augäpfel und die Nasenöffnungen auf.
5. Hefte die Ohren oben an die Stirn. Male die Nasenöffnungen, die Stirn und die Ohren grau an. Lass die Farbe trocknen. Befestige die Augen, Nasenöffnungen und Zähne mit doppelseitigem Klebeband.
6. Knülle kleine Stücke Zeitungspapier zusammen, und stopfe die Mundtaschen von hinten aus.

Nilpferdbabys sind schwere Fälle!

Wenn du meinst, dass Nilpferde viel wiegen, dann liegst du damit genau richtig. Tatsächlich wiegt ein Nilpferd bei seiner Geburt zwischen 30 und 50 kg. Das ist ungefähr so viel, wie Kinder zwischen 9 und 13 Jahren wiegen. Weißt du, wie viel du gewogen hast, als du geboren wurdest?

Nilpferde haben sehr kurze, stämmige Beine, damit sie dieses ganze Gewicht tragen können. Sieh dir das unten abgebildete Nilpferd an, und überlege: Sind deine Beine länger als die des Nilpferdes? Sind sie dicker? Wie sieht ein Vogelbein im Vergleich zu einem Nilpferdbein aus?

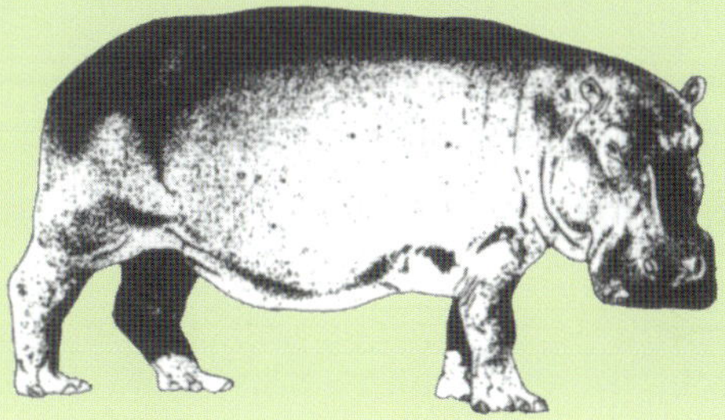

Komm, wir lesen!

Claude Delafosse: **Licht an! Tiere im Zoo.** Bibliographisches Institut, 2006.

David McKee: **Elmar und die Nilpferde.** Thienemann Verlag, 2003.

Eva Muszynski, Karsten Teich: **Hat das Nilpferd Streifen?** Boje im Pestalozzi Verlag, 2006.

Baden, baden, baden

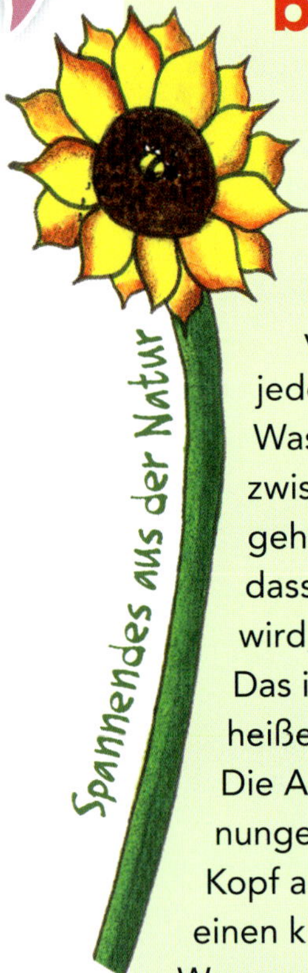

Was fällt dir an deiner Haut auf, wenn du lange in der Badewanne spielst? Sind deine Finger ganz schrumpelig wie eine Rosine? Stell dir vor: Ein Nilpferd verbringt jeden Tag bis zu 18 Stunden im Wasser! Das ist länger als die Zeit zwischen Aufstehen und Zubettgehen. Das Wasser trägt dazu bei, dass es dem Nilpferd nicht zu heiß wird, und es hält die Haut feucht. Das ist ein wichtiger Schutz vor der heißen afrikanischen Sonne.
Die Augen, Ohren und Nasenöffnungen des Nilpferds sind oben am Kopf angebracht. So braucht es nur einen kleinen Teil seines Körpers über Wasser zu halten. Es kann hören, sehen und atmen, während der Rest seines Körpers sicher unter der Wasseroberfläche verborgen ist.

Komm, wir zeichnen!

Sieh dir die einfachen Formen bei einem Nilpferd an.

Versuche, ein Nilpferd von der Seite zu zeichnen.
Dafür zeichnest du ein breites Oval neben dem Kopf des Nilpferdes.
Das ist sein Körper. Füge vier Beine und einen Schwanz hinzu.

Komm, wir singen!

Fünf kleine Affen

(Sprechgesang)

Fünf kleine Affen tobten im Sonnenschein,

(fünf Finger abwechselnd krümmen und strecken)

einer fiel hin und stieß sich das Bein.

(mit einem Finger auf den Boden springen, das Bein reiben)

Mama rief den Doktor, und der sprach: „Nein, nein,

(gedachten Telefonhörer ans Ohr halten)

hört auf zu toben, lasst das sein!"

(mit Zeigefinger hin und her wackeln)

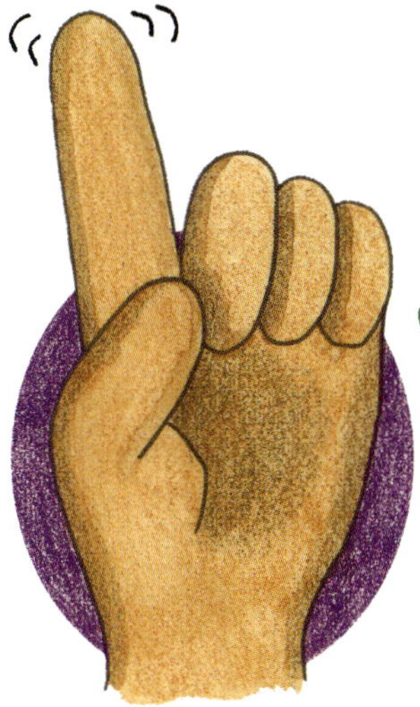

Mit vier Affen wiederholen, dann mit drei,
dann zwei Affen und dann mit einem.

Keine kleinen Affen tobten im Sonnenschein,

(Handfläche hinhalten)

keiner fiel hin und stieß sich das Bein.

(den Kopf schütteln)

Mama rief den Doktor, und der sprach: „Nein, nein,

(gedachten Hörer ans Ohr halten)

lass sie alle toben, toben muss sein."

(mit Zeigefinger hin und her wackeln)

Allerlei Affen

Zu einem Ausflug in den Zoo gehört einfach ein Besuch bei den Affen. Es macht viel Spaß, zu sehen, wie sie sich von Ast zu Ast schwingen und laut schwatzen.
In der Wildnis gibt es viele verschiedene Arten von Affen. Es gibt ganz kleine Affen, zum Beispiel die Krallenaffen, die ungefähr so groß sind wie ein Eichhörnchen. Mandrille dagegen sind ziemlich groß. Gorillas können sogar größer werden als erwachsene Menschen. Die meisten Affen haben Schwänze.
Einige Schwänze sind Greiforgane, was bedeutet, dass sie Äste packen können, genau, wie du etwas mit Daumen und Fingern greifen kannst.

Komm, wir lesen!

Meyers kleine Kinderbibliothek: **Bedrohte Tiere.**
Bibliographisches Institut, 2003.

H. A. Rey: **Coco der neugierige Affe.**
Diogenes Verlag, 1999.

Lucia Scuderi: **Der Tag, an dem das Äffchen wütend war.**
Bohem Press, 2003.

Tobende Affen als Stabpuppen

Du brauchst:

- Bleistift und Papier oder eine Fotokopie der Affenvorlage
- Kinderschere
- Tonpapier
- Filzstifte
- Klebeband
- 3 kristallklare Trinkhalme aus Plastik
- stabiler Pappbecher

So geht's:

1. Fertige eine Kopie der Affenfigur auf der nächsten Seite an, entweder mit einem Fotokopierer oder mit Bleistift und Papier zum Durchpausen. Schneide die Vorlage aus.
2. Übertrage die Vorlage dreimal mit Bleistift auf Tonpapier. Schneide die Affen aus. Füge mit Filzstiften Augen, Ohren, Mund und Beine hinzu.
3. Befestige an einem Ende der drei Trinkhalme jeweils einen Affen. Dazu nimmst du am besten Klebeband. Bitte einen Erwachsenen, dir drei Löcher in den Boden des Trinkbechers zu machen. Drehe den Becher um. Schiebe in jedes Loch einen Trinkhalm.
4. Wiederhole den Reim „Fünf kleine Affen" (S. 81) – fange aber mit „Drei kleine Affen" an. Lass die Affen auf und ab springen, indem du das untere Ende der Trinkhalme festhältst und sie abwechselnd hochschiebst und hinunterziehst. Immer, wenn ein Affe sich das Bein stößt, ziehst du einen Trinkhalm aus dem Pappbecher.

Vorlage: Affe

Pause die Vorlage auf ein Stück Papier ab, oder mache eine Fotokopie davon. Dann hast du deine eigene Bastelvorlage. (Bitte schneide diese Vorlage nicht aus dem Buch aus. Danke!)

Bananenstaffel

Das müsst ihr vorbereiten:

Stellt euch in zwei Gruppen hinter zwei Teppichfliesen auf. Die Fliesen sollen mit ungefähr 5 bis 7 Metern Abstand voneinander liegen. Das erste Kind in der Reihe, die beginnt, bekommt eine Banane (aus Papier, aus Pappe oder eine echte Banane).

So geht's:

Auf ein Signal rennt das Kind, das die Banane in der Hand hält, von seiner Teppichfliese zu der gegenüberliegenden und übergibt dem nächsten Spieler die Banane. Das Spiel geht so lange weiter, bis jeder an der Reihe war.

Großer Bär

Komm, wir spielen!

Bärenhöhle

Viele Bären, die in kalten Regionen der Erde leben, verbringen den Winter in einer Höhle. Sie bauen sich ein gemütliches Nest, in dem sie schlafen können. Sie essen oder trinken nichts, während sie ihren langen Winterschlaf machen.

Stell dir vor, dass du ein Bär bist und Winterschlaf machst. Für die Bärenhöhle nimmst du ein Zelt, oder du hängst Decken über Stühle. Krieche auf allen vieren in die Höhle, und lege dich dort zum Schlafen. Andere Kinder schleichen sich an. Wenn du sie hörst, knurrst du wie ein Bär, der beim Schlafen gestört wird. Wechselt euch ab.

Komm, wir singen!

Brauner Bär

(Melodie: „Teddybär, Teddybär" oder Sprechgesang)

Brauner Bär, brauner Bär

(mit den Armen einen großen Kreis vor dem Bauch formen)

lag und schlief.

(Kopf auf die Hände)

Brauner Bär, brauner Bär,

(mit den Armen einen großen Kreis vor dem Bauch formen)

fest und tief.

(so tun, als ob man schnarcht)

Brauner Bär, brauner Bär

(mit den Armen einen großen Kreis vor dem Bauch formen)

wachte auf.

(Kopf von den Händen heben)

Brauner Bär, brauner Bär,

(mit den Armen einen großen Kreis vor dem Bauch formen)

mit Geschnauf.

(laut hörbar schnaufen)

Brauner Bär

1. Schritt

2. Schritt

Du brauchst:

- Kinderschere
- große braune Papiertüte
- Schwamm
- braune Malfarbe (z.B. Tempera) in einem Deckel
- schwarzen Filzstift

So geht's:

1. Schneide eine große Papiertüte an einem Falz ein, um sie zu öffnen. Schneide den Tütenboden ab.
2. Zeichne einen großen Bären auf die Tüte. Schneide ihn aus. (Wenn du die Tüte in drei Teile faltest, kannst du aus jeder Tüte gleich drei Bären herstellen.)
3. Tunke einen Schwamm in braune Farbe, und betupfe den Bären damit. Mit einem schwarzen Filzstift malst du Augen, Ohren, eine Nase und einen Mund.

Noch mehr Spaß:

Lege zwei Bärenumrisse aufeinander und tackere sie teilweise aneinander. Stopfe die Bären mit Zeitungspapier aus, und hefte die noch offenen Stellen zusammen. Dann hast du einen großen Bären, den du in den Arm nehmen kannst!

Bären im Eis

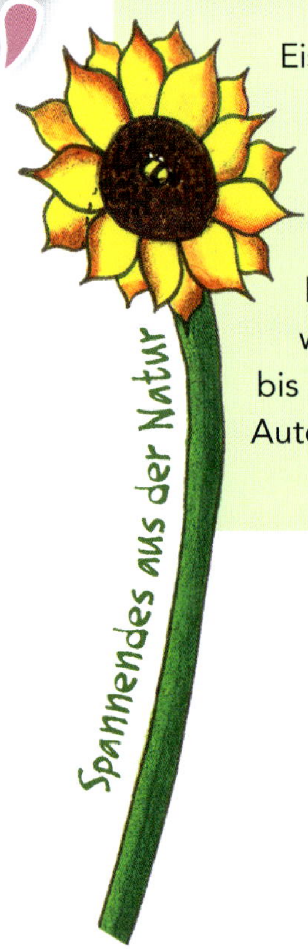

Eisbären leben ganz im Norden der Erde, in Gebieten, in denen fast immer Schnee liegt. Im eiskalten Meerwasser jagen sie nach Robben. Frieren sie da nicht furchtbar? Sie haben einen dichten, weißen Pelz, der lässt keine Kälte durch. Und unter ihrer Haut haben sie eine dicke Fettschicht, auch das hält sie warm. Eisbären sind ganz schön schwer, sie können bis zu 1000 kg wiegen, das ist so viel wie ein kleines Auto.

Komm, wir lesen!

Siegrid Heuck: **Pony, Bär und Schneegestöber.**
Thienemann Verlag, 2000.

A. A. Milne: **Pu der Bär.**
Dressler Verlag, 1999.

Michael Rosen, Helen Oxenbury: **Wir gehen auf Bärenjagd.**
Sauerländer Verlag, 2003.

Komm, wir zeichnen!

Sieh dir die einfachen Formen bei diesen Bären an.
Kannst du eine Bärenfamilie zeichnen – mit Vater, Mutter und Baby Bär?

Hüpfende Kängurus

Kängurusprünge

Weitsprung aus dem Stand

Bitte einen Erwachsenen um Hilfe. Befestige einen Streifen Klebeband auf dem Boden. Stelle dich hinter diese Linie, und springe so weit du kannst. Markiere deine Sprungweite mit einem Stück Klebeband. Versuche es zwei- oder dreimal, und sieh dir an, wie weit du mit deinem besten Sprung kommst. Was hast du getan, um besonders weit zu kommen?

Sprünge mit Anlauf

Bitte einen Erwachsenen um Hilfe. Befestige einen Streifen Klebeband auf dem Boden. Stelle dich 3 bis 5 Meter hinter diese Linie. Laufe, bis du die Linie erreichst und springe dann so weit du kannst. Lege dir zur Vorsicht etwas Weiches auf den Boden, z.B. eine Turnmatte! Oder springe in eine Sandgrube. Markiere deine Sprungweite mit einem Stück Klebeband oder mit einem Strich im Sand. Versuche es zwei- oder dreimal, und sieh dir an, wie weit du mit deinem besten Sprung kommst.

Weitspringer

Es gibt fast 60 verschiedene Arten von Kängurus. Das kleinste Känguru ist das Moschusrattenkänguru. Es ist so klein wie eine Ratte! Das größte Känguru ist das Rote Riesenkänguru. Es kann so groß sein wie ein Mensch oder sogar noch größer. Kängurus sind gute Springer. Große Tiere können ohne Schwierigkeiten bis zu 10 Meter mit einem einzigen Sprung zurücklegen. Ein Graues Riesenkänguru machte einmal einen Sprung, der länger war als ein Schulbus! Mache selbst ein paar Kängurusprünge, und sieh, wie weit du springen kannst!

Komm, wir singen!

Das Känguru

(Melodie: „Ri-ra-rutsch" oder Sprechgesang)

Hüpf, hüpf, hüpf,
das Känguru, das hüpft.

(auf und nieder hüpfen)

Es hüpft und hüpft und hüpft voran,
so lange, bis es nicht mehr kann.

(umfallen)

Hüpf, hüpf, hüpf.

Spannendes aus der Natur

Ein Kind im Beutel

Kängurus gehören zu den Beuteltieren. Die Beuteltiere tragen ihre Jungen in besonderen Körpertaschen, die man Beutel nennt. Ein neugeborenes Känguru ist ganz klein und kann weder sehen noch hören. Es hat noch nicht einmal Haare.
Fünf oder sechs Monate später, wenn das Kängurubaby schließlich aus dem Beutel der Mutter hervorkommt, sieht es völlig anders aus. Es hat ein Fell, es kann sehen und hören, und es kann anfangen, herumzuhüpfen und die Welt zu erkunden.

Komm, wir basteln!

Kängurumutter und Kängurukind

Du brauchst:

- Kinderschere
- 4 große Pappteller
- Tacker
- Bleistift
- Tonpapier
- Vorlage „Kängurubaby" (nach Wunsch)
- Schwamm oder Pinsel
- braune Malfarbe (z.B. Tempera) in einem Deckel
- schwarzen Filzstift

So geht's:

1. Für den Beutel des Kängurus schneidest du von einem Pappteller den oberen Teil ab. Tackere den Beutel an den zweiten Pappteller. Falte die Ränder beider Teller nach hinten. Hefte sie fest.
2. Aus einem dritten Pappteller schneidest du den Kopf des Kängurus aus, aus dem vierten Teller den Schwanz und den Fuß, wie es in dem Bild gezeigt wird. Hefte sie an den Körper.
3. Die Ohren schneidest du aus Tonpapier zu. Schneide in jedes Ohr einen Schlitz. Lege bei jedem Ohr die Unterkanten aufeinander, und hefte sie an den Kängurukopf.
4. Male ein Kängurubaby auf Tonpapier. Schneide die Figur aus. Du kannst zum Zeichnen auch die Vorlage „Kängurubaby" verwenden.
5. Male das große Känguru an, und lass es trocknen. Mit schwarzem Filzstift fügst du Augen und Nase hinzu. Dann schiebst du das Kängurubaby in den Beutel der Mutter.

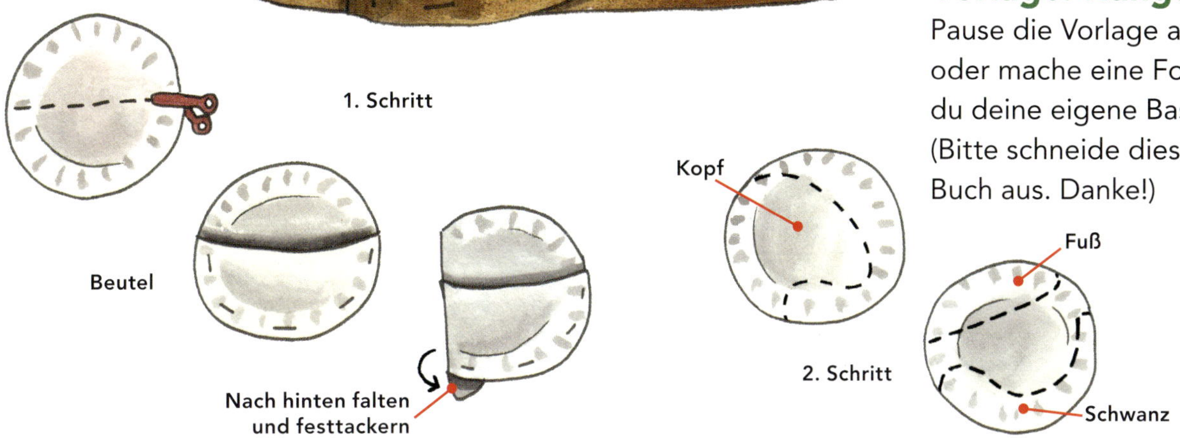

Vorlage: Kängurubaby

Pause die Vorlage auf ein Stück Papier ab, oder mache eine Fotokopie davon. Dann hast du deine eigene Bastelvorlage.
(Bitte schneide diese Vorlage nicht aus dem Buch aus. Danke!)

Stolzer Pfau

Komm, wir basteln!

Pfau als Stabpuppe

Du brauchst:

- Kinderschere
- Tonpapier (verschiedene Farben)
- Kleber
- schwarzen Filzstift
- 1 großen Pappteller
- bunte Federn (Bastelbedarf)
- Sortiment aus Pailletten, Pompons und anderen Verzierungen
- Klebeband
- Bastelstäbe oder Eisstiele

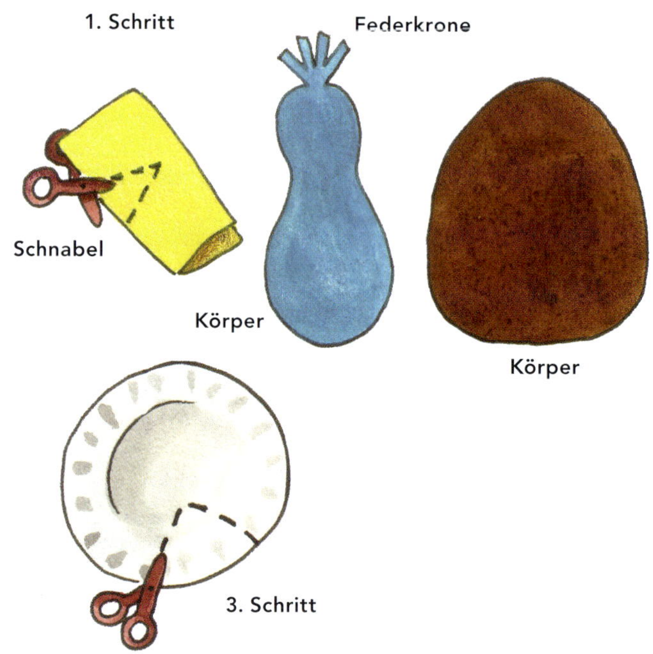

So geht's:

1. Schneide den Pfauenhals aus Tonpapier aus. Für die Federkrone fügst du oben auf dem Kopf ein Dreieck an, das du streifig einschneidest. Den Körper schneidest du aus Tonpapier zu. Für den Schnabel faltest du ein kleines Stück Tonpapier auf die Hälfte und schneidest ein Dreieck aus.
2. Klebe den Kopf an den Körper und den Schnabel an den Kopf. Male Augen mit dem Filzstift auf.
3. Schneide aus einem Pappteller ein dreieckiges Stück aus. Dort wirst du später den Körper des Pfaus befestigen. Beklebe den Teller rundherum mit Federn, wie auf dem Bild (S. 90) gezeigt. Klebe Pailletten, Pompons und andere Verzierungen auf die Federn.
4. Klebe den Körper auf den gefiederten Teller. Auf die Rückseite klebst du einen Bastelstab. Wenn du möchtest, kannst du den Stab bemalen.

Pfauenfedernstaffel

Das müsst ihr vorbereiten:

Schneidet aus Tonpapier einen großen Pfauenkopf und -körper zu, den ihr an die Wand hängt. Alle, die mitspielen wollen, stellen sich im Abstand von 3 bis 5 Metern davon auf. Jeder Spieler bekommt eine Bastelfeder oder eine Feder, die aus Tonpapier zugeschnitten wird. An den Federn klebt ein Stück Klebeband.

So geht's:

Das erste Kind läuft mit seiner Feder zu der Pfauenfigur an der Wand und befestigt seine Feder daran. Dann läuft es zurück, und der Nächste ist an der Reihe. Das Spiel geht so lange weiter, bis jeder eine Feder an den Pfau geklebt hat.

Komm, wir singen!

Der eitle Pfau

(Melodie: „Grün, grün, grün" oder Sprechgesang)

Bunt, bunt, bunt sind meine Pfauenfedern,

> *(Daumen vor die anderen vier Finger einer Hand legen)*

bunt, bunt, bunt ist alles,
was ich hab.
Darum lieb ich alles, was
so bunt ist,

> *(Finger aufspreizen)*

weil ich selbst so bunt gefiedert bin.

Spannendes aus der Natur

Hübscher Pfau

Der männliche Pfau hat wunderschöne lange, blaugrüne Federn, die er wie eine Schleppe hinter sich herzieht. Wenn er Aufmerksamkeit erregen will, hebt er seine Schleppe und breitet die Schwanzfedern wie einen Fächer aus, der sich über seinen Kopf wölbt. Die Weibchen bei den Pfauen nennt man Hennen. Ihr Federkleid ist nicht so bunt.
Wie bei vielen weiblichen Tieren ist ihre Farbe unauffälliger. Außerdem haben sie keine Schmuckfedern und keine Federschleppe. Fallen dir noch andere Tierarten ein, bei denen die Männchen bunter gefärbt sind und die Weibchen weniger bunt? Enten? Oder Hühner?

Komm, wir lesen!

Schau mal! Erstes Wissen für Kinder: Vögel.
Dorling Kindersley Verlag, 2006.

Zora: **Mein erstes Buch von den Vögeln.**
Annette Betz Verlag, 2005.

Auf dem Bauernhof

„Hier gibt's viel zu tun", sagt das Huhn.
„Das ist nicht verkehrt", sagt das Pferd.
„Ich bin auch ganz brav", sagt das Schaf.
„Ich sing Sopran", sagt der Hahn.
Nur Ziege und Schwein fällt im Moment nichts ein.

Tanz in der Scheune

Scheunen braucht man für viele verschiedene Dinge. In manchen Scheunen sind Tiere untergebracht. In anderen Scheunen werden Lebensmittel und Gerätschaften aufbewahrt. Stell dir vor, wie es wäre, in einer Scheune zu leben. Meinst du, es wäre bequem, im Heu zu schlafen? Leg dich mal in weiches Gras, wenn du es ausprobieren möchtest!

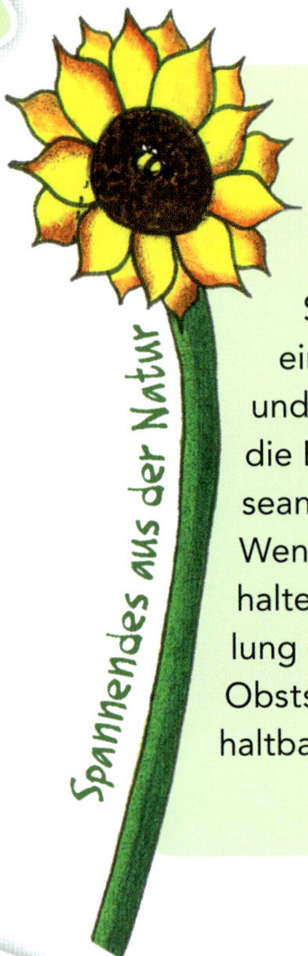

Vom Bauernhof bis zu dir

Statte einem Bauernmarkt bei dir in der Gegend einen Besuch ab. Da kannst du sehen, welche Obst- und Gemüsesorten dort wachsen, wo du lebst. Frage die Bauern, wie viel Zeit sie für den Obst- und Gemüseanbau brauchen und ob sie auf ihrem Hof Tiere haben. Wenn es bei dir in der Nähe keinen Markt gibt, unterhalte dich mit den Leuten in der Obst- und Gemüseabteilung eines Lebensmittelladens. Finde heraus, woher die Obstsorten und das Gemüse stammen und wie lange sie haltbar sind, wenn sie im Geschäft angekommen sind.

Komm, wir singen!

Wir gehen durch das Scheunentor

(Melodie: „Es regnet ohne Unterlass" oder Sprechgesang)

Wir gehen durch das Scheunentor,
(Kreis bilden und an den Händen fassen, in die Kreismitte und zurück gehen)
wir gehen rein und raus.
Wir gehen durch das Scheunentor
und gehen nicht nach Haus.

Wir gehen rein als Pferde,
(in die Kreismitte gehen, auf die Oberschenkel schlagen)
als Pferde komm' wir raus.
(wieder nach außen gehen, auf die Oberschenkel schlagen)
Wir gehen durch das Scheunentor
(in die Kreismitte gehen, auf die Oberschenkel schlagen)
und gehen nicht nach Haus.
(wieder nach außen gehen, auf die Oberschenkel schlagen)

Zusätzliche Verse:

Kühe *(mit den Fingern Hörner machen)*,
Hähne *(mit Flügeln schlagen)*,
Schweine *(Nase platt drücken)* usw.

Scharade: Tiere auf dem Bauernhof

Das müsst ihr vorbereiten:

Baut aus einem Zelt oder Decken, die ihr über Stühle und andere Möbelstücke breitet, eine Scheune auf. Einer von euch ist der Schauspieler. Die anderen bilden das Publikum und sitzen in der Nähe der Scheune.

So geht's:

Der Schauspieler geht in die Scheune. Wenn er wieder auftaucht, tut er so, als sei er ein Tier vom Bauernhof. Er stellt es aber nur durch Gesten und ohne Laute dar. Das Publikum rät, um welches Tier es sich handelt. Wer richtig rät, ist in der nächsten Runde der Schauspieler.

Tipps für den Schauspieler:

- Überlege dir, wie das Tier sich bewegt. Geht es auf zwei oder auf vier Beinen? Kann es fliegen? Ist es langsam oder schnell?
- Überlege dir, wie das Tier aussieht. Nimm Hände und Arme zu Hilfe, um Körperteile wie Federn, Hörner, Schnäbel, Schwänze usw. darzustellen.
- Überlege dir, wie das Tier aussieht, wenn es Geräusche macht. Reckt es den Hals in die Höhe? Schlägt es mit den Flügeln? Du gibst aber keinen Laut von dir, sondern spielst nur, dass du es tust.

Tipps für das Publikum:

- Beobachtet genau, was der Schauspieler macht. Achtet auf Hinweise, wie das Tier sich bewegt, sich verhält oder wie es aussieht.
- Versucht, euch die Hinweise zu merken, sobald der Schauspieler sie gibt, denn vielleicht kann er nicht alle Hinweise zur gleichen Zeit darstellen.

Eine große, rote Scheune

Du brauchst:

- 2 Pappteller, die man gut bemalen kann
- Kinderschere
- gelben Wachsmaler
- Farbe in einem Deckel
- Pinsel oder Schwamm
- Wollfaden
- Tacker
- Bilder von Bauernhoftieren zum Aufkleben

So geht's:

1. Lege zwei Pappteller aufeinander, und schneide den Umriss einer Scheune aus, wie auf dem Bild gezeigt.
2. Bitte einen Erwachsenen, dir zu helfen, die Scheunentore in den oberen Teller hineinzuschneiden.
3. Male mit gelbem Wachsmaler Einzelheiten auf das Scheunentor. Male die Scheune an, und lass die Farbe trocknen.
4. Mache aus dem Wollfaden eine Schlinge. Lege sie zwischen Vorder- und Rückseite der Scheune, und hefte sie fest. Hefte die beiden Scheunenteile an den Seiten zusammen.
5. Verziere die Scheune hinter den Toren mit Bildern von Bauernhoftieren, oder male selbst welche.

1. Schritt

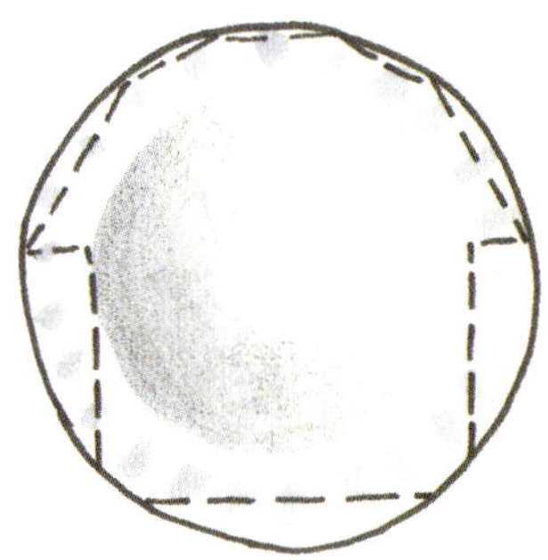

2. Schritt

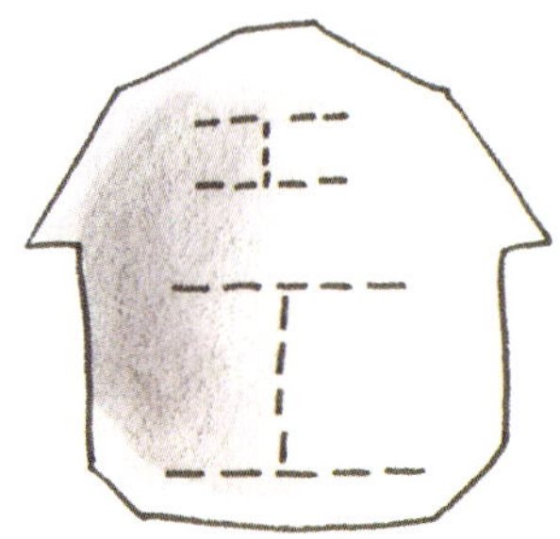

Komm, wir singen!

Weckruf des Hahns

(Melodie: „Häschen in der Grube" oder Sprechgesang)

Alle Tiere schliefen,

(in die Hocke gehen, Kopf auf die Hände legen)

fest und tief,
fest und tief.
Nur der Hahn war aufgewacht,

(aufstehen)

er stand auf dem Mist und rief:

*(Hände unter die Achselhöhlen,
mit den Flügeln schlagen)*

‚Kik'riki, Kik'riki, Kik'riki!'

Komm, wir lesen!

Eric Carle: **Gute Reise, bunter Hahn!**
Gerstenberg Verlag, 2001.

Helme Heine: **Zum Glück gibt's Freunde.**
Beltz Verlag, 2005.

Sven Nordqvist: **Findus und der Hahn im Korb.**
Oetinger Verlag, 1997.

Kikeriki!

Ein Hahn beginnt seinen Tag bei Sonnenaufgang mit einem sehr laut gekrähten Lied. Das Krähen des Hahns eignet sich für alle Bauernhofbewohner als Wecker, doch zugleich sagt der Hahn damit anderen Hähnen: „Hier wohne ich, kommt bloß nicht näher!" Und warum sagen wir „der" Hahn? Weil alle Hähne männliche Tiere sind. Kannst du krähen wie ein Hahn?

Was ist das für ein Geräusch?

Auf einem Bauernhof und in der Stadt gibt es viele Geräusche, und sie wechseln ständig. Setze dich im Freien hin, und lausche. Welche Geräusche hörst du? Vielleicht zwitschern Vögel, oder Autos fahren vorbei. Versuche, am frühen Morgen zu lauschen, am Nachmittag und dann am Abend. Hörst du dieselben Geräusche, oder sind es andere? Wann sind die Geräusche am lautesten? Wann sind sie am leisesten?

Komm, wir spielen!

Spaß auf dem Bauernhof

So geht's:

Haltet den Rand eines Fallschirms, einer Decke oder eines Handtuchs fest. Legt Strandbälle oder kleine Stofftiere in die Mitte des Fallschirms. Geht im Kreis und singt das Lied „Weckruf des Hahns" (S. 97). Sobald der Hahn kräht, hebt ihr die Decke oder den Fallschirm mit viel Schwung in die Höhe, sodass alle Tiere vom Fallschirm fallen!

Komm, wir lesen!

Barbara Jelenkovich: **Auf dem Bauernhof.** Ravensburger Buchverlag, 2006.

Meyers Bücher mit der Zauberfolie: **Auf dem Bauernhof.** Bibliographisches Institut, 2006.

Petra Schmidt: **Mein Magnetbuch – Bauernhof.** Tessloff Verlag, 2006.

Ein echter Bauernhof!

Wenn es geht, besuche einen Bauernhof, damit du siehst, riechst und hörst, wie es auf einem Bauernhof zugeht. Wenn du keinen Bauernhof in der Nähe hast, sieh dir ein Video oder eine DVD zu dem Thema an. Versuche, dir vorzustellen, wie der Bauernhof riechen würde. Fallen dir angenehme und unangenehme Gerüche ein? Meinst du, alle Tiere haben ein weiches Fell? Welches Tier macht wohl das lauteste Geräusch? Welches macht das leiseste? Welches Tier würdest du am liebsten sehen?

Komm, wir zeichnen!

Sieh dir die einfachen Formen bei einem Hahn an.

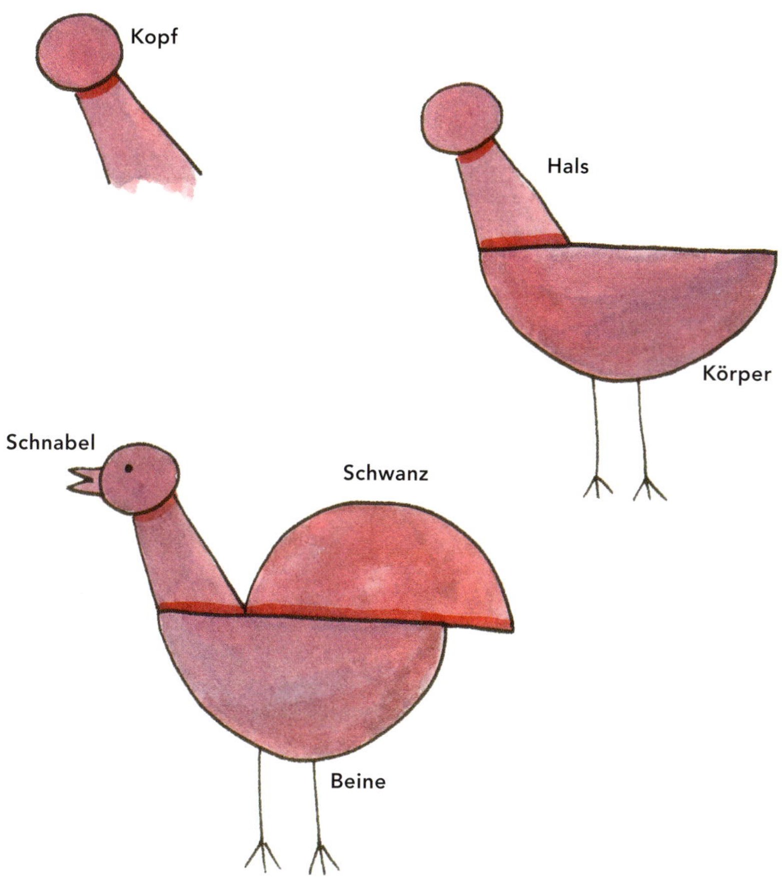

Nun versuchst du es! Wenn du den Kopf eines Hahnes (oder etwas anderes) malst, muss es nicht so aussehen wie in einem Buch. Probiere ein bisschen, und lass deinen Hahn in unterschiedliche Richtungen sehen. Oder versuche, ihn in unterschiedlichen Positionen abzubilden. Wenn du einen Hahn malen willst, der gerade frisst, malst du den Kopf vor seiner Brust und lässt den Schnabel nach unten zeigen.

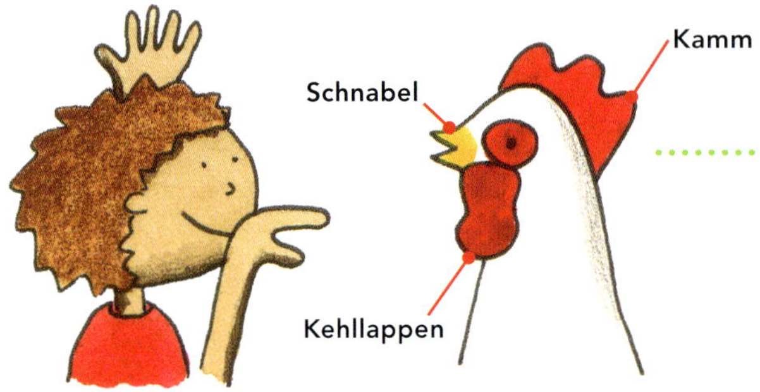

Hahn als Stabpuppe

Ein Hahn hat einen Schnabel statt einer Nase und einem Mund, einen Kehllappen an seinem Hals und einen Kamm, der ihm auf dem Kopf wächst. Sieh in den Spiegel, und versuche, dir vorzustellen, wie du mit Schnabel, Kehllappen und Kamm aussehen würdest!

Du brauchst:

- Bleistift
- Papier (oder Fotokopierer)
- Kinderschere
- Klebeband
- 3 Pappteller (2 ½ pro Figur)
- Filzstifte
- Tacker
- Bastelstäbe oder Eisstiele
- Kleber
- Federn (auf Wunsch)

So geht's:

1. Fertige eine Kopie der Vorlage mit dem Hahnenkopf an, entweder mit einem Fotokopierer oder mit Bleistift und Papier zum Durchpausen. Du kannst auch selbst einen Hahnenkopf zeichnen (S. 99). Schneide die Vorlage aus.
2. Befestige die Vorlage mit Klebeband an der Rückseite eines Papptellers, und zeichne die Umrisse mit Bleistift nach. Schneide den Kopf aus dem Pappteller aus, mit Schnabel, Kehllappen und Kamm. Male das Gesicht des Hahns mit Filzstiften auf.
3. Falte den zweiten Pappteller auf die Hälfte. Schneide den Falz weit genug ein, um den Hahnenkopf hineinschieben zu können. Tackere den Kopf fest. Schneide den überstehenden Rand ab. Schneide den Falz von der anderen Seite aus ein. Dort wird der Schwanz befestigt.
4. Schneide den dritten Teller in der Mitte durch, und nimm eine Hälfte für den Schwanz des Hahns. Schiebe den Schwanz in den Schlitz, wie auf dem Bild (S. 100) dargestellt. Hefte ihn fest.
5. Klebe einen Bastelstab oder einen Eisstiel von innen an den gefalteten Teller. Hefte den Teller an beiden Seiten des Stabes zusammen.
6. Streiche Kleber auf den Hahn, und klebe Federn darauf.

Vorlage: Hahnenkopf

Pause die Vorlage auf ein Stück Papier ab, oder mache eine Fotokopie davon. Dann hast du deine eigene Bastelvorlage. (Bitte schneide diese Vorlage nicht aus dem Buch aus. Danke!)

Das Hühnerhaus

Eine Henne hat einen Schnabel, einen Kehllappen und einen Kamm, genau wie ein Hahn. Und genau wie alle Hähne männliche Tiere sind, sind alle Hennen weibliche Tiere.
Stell dir vor, du bist eine Henne. An Stelle deiner Hände hast du zwei Flügel. Du hast keinen Mund mit Zähnen, sondern einen Schnabel. Wie würdest du dein Lieblingsessen essen oder deine Lieblingsspiele spielen?

Komm, wir lesen!

Sarah E. Burg: **Bravo, kleines Huhn!**
Nord-Süd-Verlag, 2005.

Fiona Patchett: **Vom Ei zum Küken.**
Arena Verlag, 2003.

Martina Schloßmacher, Iskender Gider: **Das schwarze Huhn.**
Michael Neugebauer Verlag, 2006.

Komm, wir singen!

Mutter Henne

(Melodie: „Ringel, Ringel, Reihe“ oder Sprechgesang)

Mutter Mutter Henne,

(Arme anwinkeln und mit den Flügeln schlagen)

saß wohl auf der Tenne,

(in die Hocke gehen)

sie brütete zehn Eier aus,

(zehn Finger hochhalten)

bald kamen auch zehn Küken raus.

(mit den zehn Fingern auf dem Boden herumlaufen)

Wo sind meine Eier?

Eine Henne legt ein Ei am Tag, bis 10 bis 12 Eier im Nest liegen. Ein Bauer bringt eine Henne mit einem Trick dazu, mehr Eier zu legen, indem er Eier aus ihrem Nest wegnimmt. Und die Henne legt weiterhin Eier, damit ihr Nest voll wird!

Das müsst ihr vorbereiten:

Einer von euch spielt die Henne. Die Henne muss raten und steht mit ihrem Rücken zu der Gruppe. Alle anderen sitzen in einem Kreis. Ganz leise wird ein Mitspieler im Kreis ausgesucht, die Rolle des Bauern zu spielen. Er versteckt das Ei der Henne (ein Spielzeugei) unter seinen Beinen.

So geht's:

Die Henne setzt sich zu den anderen in den Kreis und versucht, zu raten, wer das Ei versteckt hält. Wer kann es mit den wenigsten Fragen herausbekommen? In der nächsten Runde gibt es eine neue Henne und einen neuen Bauern.

Tipps:

Rater/Henne:

Sieh dir jeden Mitspieler an. Gibt es Hinweise? Guckt jemand auf seine Beine? Sitzt jemand irgendwie merkwürdig? Oder ist jemand besonders albern? Vielleicht ist er der Eierdieb!

Verstecker/Bauer:

Sitz still. Sieh den Spieler an, der die Henne spielt, und nicht den Ort, wo du das Ei versteckt hast!

Sitzende Henne

Du brauchst:

- 4 Pappteller
- Tacker
- weißes Seidenpapier, in 6 cm breite Streifen geschnitten
- Kinderschere
- Kleber
- rotes und gelbes Tonpapier
- schwarzen Filzstift

heften

1. Schritt

nach innen falten

3. Schritt

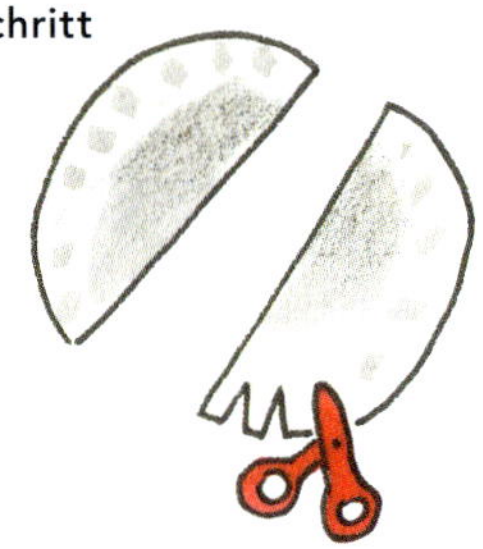

2. Schritt

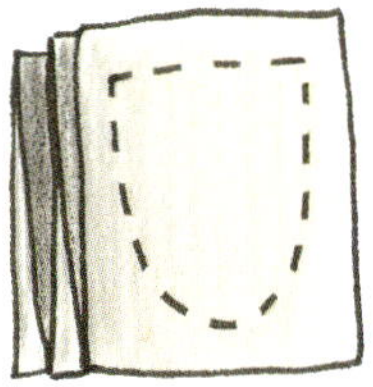

5. Schritt

Kamm

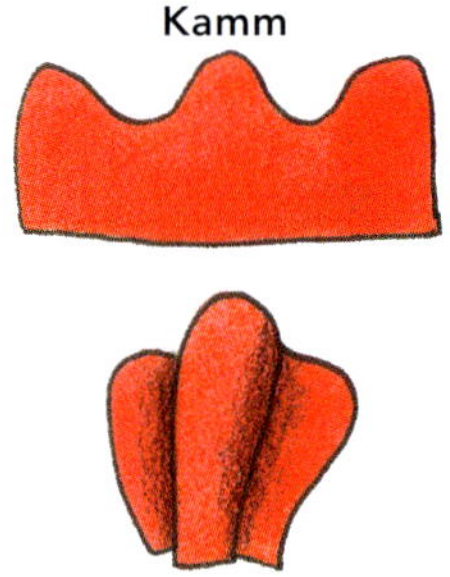

Kamm falten

Laschen nach hinten klappen

Schnabel nach innen falten

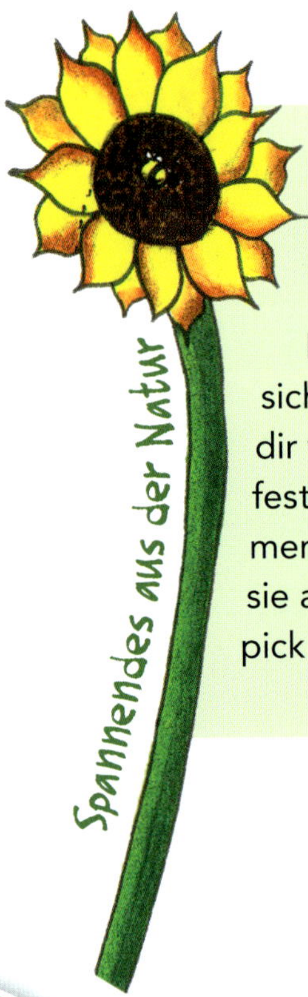

Spannendes aus der Natur

Ei-genartige Sachen

Eine Henne sitzt ungefähr drei Wochen auf den Eiern, bevor die Küken schlüpfen. Ein Küken muss sich selbst einen Weg durch die Schale bahnen. Stell dir vor, du bist ein Küken, und schlinge deine Arme fest um den Körper (als würdest du dich selbst umarmen). Nun lockerst du langsam deine Arme, breitest sie aus und streckst dich in alle Richtungen. Pick, pick, pick dich aus dem Ei.

So geht's:

1. Für den Körper der Henne legst du zwei Pappteller mit der Oberseite aufeinander. Hefte die Teller am oberen Rand zusammen. Falte bei beiden Tellern den unteren Rand nach innen. Und schon kann der Hennenkörper ganz alleine stehen.
2. Für die Federn machst du Akkordeonfalten in die Seidenpapierstreifen (je größer die Falten, umso größer werden die Federn). Schneide Umrisse von Federn in die gefalteten Streifen. Klebe die Federn an den Körper der Henne.
3. Schneide den dritten Pappteller in der Mitte durch, und mache daraus die Flügel der Henne. Schneide Zacken aus den Rändern. Hefte die Flügel an den Körper der Henne.
4. Für den Kopf der Henne schneidest du aus dem letzten Teller die Mitte aus, schneidest aus rotem Tonpapier die Augen und den Kehllappen aus und klebst sie auf den Kopf. Mit dem Filzstift malst du die Pupillen.
5. Schneide den Kamm aus rotem Tonpapier aus. Falte ihn, und hefte ihn von hinten an den Kopf. Schneide den Schnabel aus gelbem Tonpapier zu, falte ihn wie in der Abbildung, und klebe ihn an. Hefte den Kopf der Henne an den Körper.

Tipp für die Jüngsten:

Kleine Kinder können Kleber mit einem Pinsel auf den Körper der Henne auftragen und dann die Federn hinzufügen. Augen, Kehllappen und Schnabel mit Filzstiften aufmalen.

Komm, wir zeichnen!

Siehst du die einfachen Formen bei einer Henne?
Zeichne den Kopf der Henne mit Schnabel, Kehllappen und Kamm. Du kannst auch Federn aufmalen. Wenn du die Henne ein bisschen geübt hast, versuche, ein Nest zu zeichnen, auf dem sie sitzen kann. Für eine stehende Henne brauchst du einen Kreis als Körper und malst Beine dazu. Viel Spaß! Hebe die schönsten Hennen für das Wandbild vom Bauernhof (S. 126) auf.

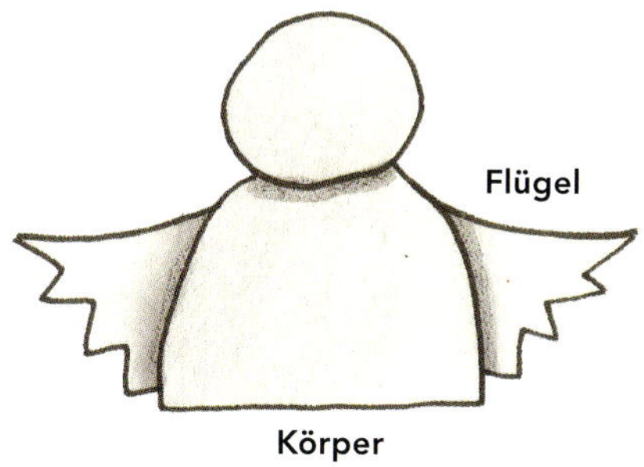

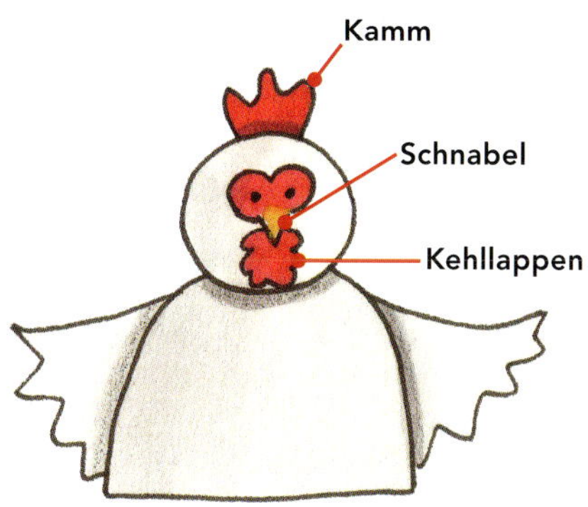

Reiterspiele

Auf einem Bauernhof gibt es viele Tiere, die wichtig sind, weil sie Nahrungsmittel, wie Milch, Eier oder Fleisch, liefern. Ein Pferd ist ein besonderes Bauernhoftier, weil es Arbeiten verrichten kann. So hilft es dem Bauern. Ein Pferd ist sehr stark und kann schwere Ladung ziehen oder tragen. Außerdem kann es schnell laufen und weite Strecken zurücklegen.

1. Schritt

2. Schritt

3. Schritt

Komm, wir basteln!

Steckenpferd

Du brauchst:

- Kinderschere
- braunes Tonpapier
- Tacker
- braune Papiertüte
- Zeitungspapier
- Schnur
- Filzstifte
- Paketklebeband
- lange Pappröhre (Geschenkpapier, Poster)

So geht's:

1. Schneide die Ohren aus Tonpapier zu, wie es auf dem Bild (S. 107) gezeigt wird. Hefte oder klebe sie an den Tütenboden.
2. Knülle das Zeitungspapier zusammen, und stopfe es in die Papiertüte. Falte das offene Ende der Tüte so, dass es die Form eines Mauls bekommt, und klebe es mit Klebeband zu. Male Augen und Nasenlöcher mit Filzstift auf. Hefte Zügel aus Schnur an den Kopf.
3. Befestige den Pferdekopf mit Paketklebeband an der Pappröhre. Hüüüa!

Noch mehr Spaß:

ein Pferdeschwanz für dich

1. Wickle dir Wolle um Hand und Ellbogen, wie in der Abbildung zu sehen ist. (Je mehr Wolle du aufwickelst, umso dichter wird der Schwanz.)
2. Binde ein Ende zusammen. Schneide das andere Ende auf.
3. Fädle Wolle oder ein Gummiband durch den Schwanz, und binde ihn dir um die Taille.

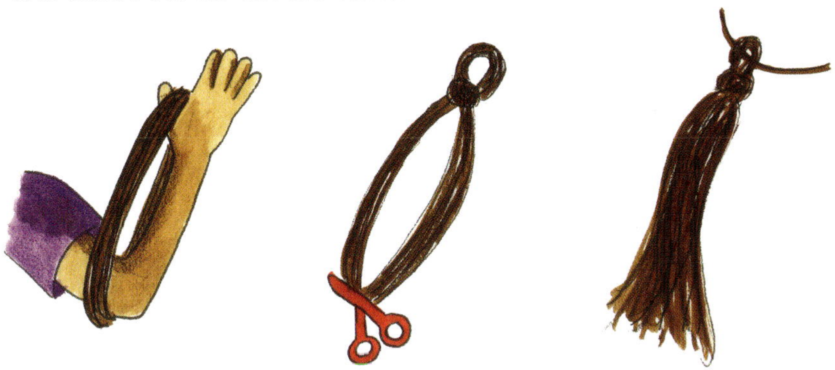

Komm, wir zeichnen!

Siehst du die einfachen Formen bei diesem Pferd?
Versuche, es zu zeichnen.
Zeichne Augen, eine Nase und ein Maul.
Füge einen Schwanz hinzu.

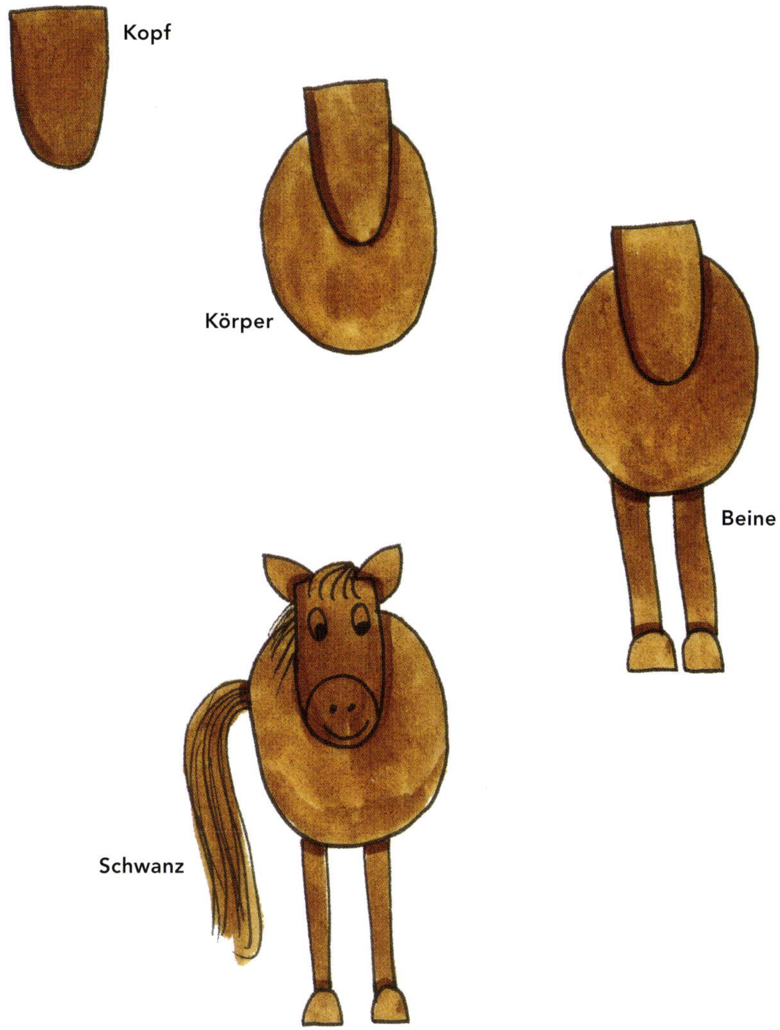

Komm, wir spielen!

Pferde, die auf einem Bauernhof arbeiten, müssen schnell und wendig sein. Reiter haben sich Spiele ausgedacht, bei denen sie diese Fähigkeiten mit ihren Pferden trainieren können. Steig auf, und teste deine Fähigkeiten in einem Hindernislauf!

Hindernisläufe

Baut euch einen Hindernisparcours aus Papierkörben, Kegeln oder Körben. Ihr seid abwechselnd an der Reihe und reitet mit dem Steckenpferd (S. 106/107) um die Hindernisse herum und wieder zurück zum Start. Ein Erwachsener kann mit einer Stoppuhr messen, wie schnell ihr reitet.

Komm, wir singen!

Hopp, hopp, hopp

(Sprechgesang)

Hopp, hopp, hopp,

(Hände abwechselnd auf die Oberschenkel schlagen)

Pferdchen, lauf Galopp.
Über Stock und über Steine,
aber brich dir nicht die Beine.
Hopp, hopp, hopp,
Pferdchen, lauf Galopp.

(beim Singen versuchen, schneller zu werden)

Kniereiter für die Jüngsten:

Das Kind sitzt auf dem Schoß des Erwachsenen und reitet erst sanft, dann immer schneller, auf seinen Knien.

Komm, wir lesen!

Emilie Beaumont: **Dein buntes Wörterbuch der Pferde und Ponys.** Fleurus Verlag, 1998.

Andrea Erne, Irmgard Eberhard: **Alles über Pferde und Ponys.** Ravensburger Buchverlag, 2003.

Cornelia Funke: **Dicke Freundinnen und der Pferdedieb.** Oetinger Verlag, 2001.

„Muuuh!“, sagt die Kuh

Kühe werden auf Bauernhöfen gehalten, weil sie Fleisch und Milch liefern. Isst du gerne Hamburger, Käse, Butter und Eis? Trinkst du gerne Milch? Nun, dann bedanke dich bei den Kühen!

Komm, wir zeichnen!

Siehst du die einfachen Formen bei einer Kuh?
Versuche, auch eine Kuh zu zeichnen.

Versuche, eine ganze Gruppe von Kühen, eine Herde, zu malen. Male einen großen Bullen mit großen Hörnern, eine Kuh und ein Kalb.

Komm, wir singen!

Die Kühe

(Sprechgesang)

Eins, zwei, drei, vier, fünf, sechs, sieben

(Finger hochhalten)

Kühe in den Stall getrieben,
Stalltür zu,
machen sie: „Muuuuh!“

(Finger wie Hörner an den Kopf halten)

Denkt euch noch mehr Verse mit verschiedenen Bauernhoftieren aus, und macht die passenden Geräusche dazu.

Eine bunte Kuh

Bei den Hausrindern heißt das männliche Tier Bulle oder Stier, das weibliche Tier heißt Kuh, und das Kind heißt Kalb. Ein Bulle ist viel größer als eine Kuh und hat größere Hörner. Bullen geben keine Milch. Die Milch kommt von den Kühen, die Kälber zur Welt gebracht haben. Was willst du basteln? Einen Bullen, eine Kuh oder ein Kalb? Bemale sie so bunt, wie es dir gefällt!

Du brauchst:

- Kinderschere
- weißes, braunes und schwarzes Tonpapier
- weiße oder braune Papiertüte
- Klebestift oder Flüssigkleber
- Filzstifte
- Wasserfarben (wahlweise)

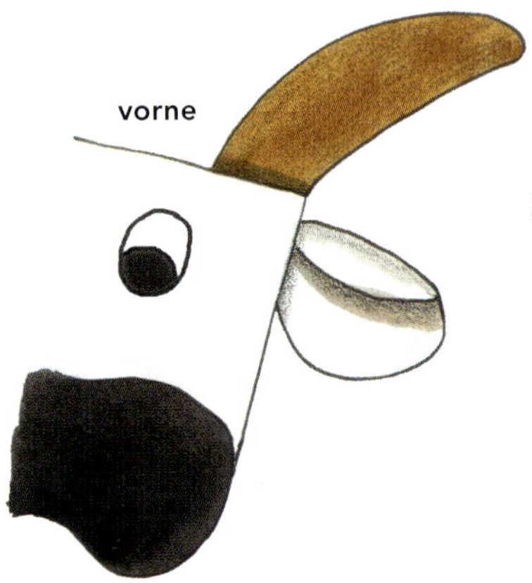

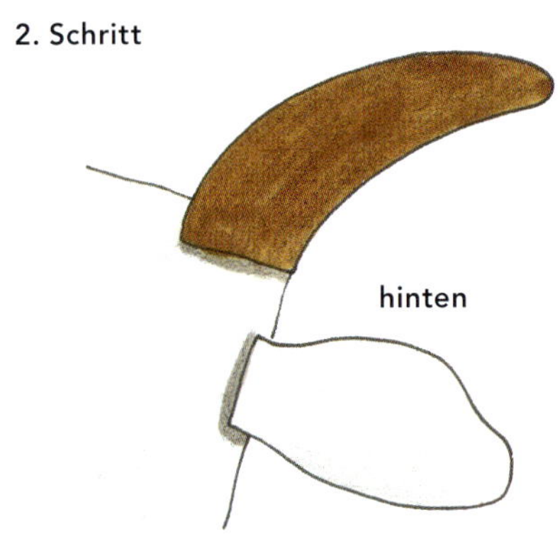

So geht's:

1. Schneide aus weißem Tonpapier ein Rechteck aus, das genauso groß ist wie der Boden der Papiertüte. Schneide die Ohren aus weißem, die Hörner aus braunem und die Nase aus schwarzem Papier aus.
2. Klebe die Ohren und die Hörner auf die Rückseite des weißen Rechtecks. Klebe die Nase auf die Vorderseite des Rechtecks. Klebe das Rechteck von außen auf den Tütenboden.
3. Falte die Ohren nach unten. Male Augen mit den Filzstiften auf. Bemale die Kuh mit Filzstiften oder mit Wasserfarben.

Das spart Zeit:

Wenn du eine Papiertüte ohne Aufdruck auf dem Tütenboden hast, kannst du das Gesicht der Kuh direkt auf die Tüte malen und kleben. Klebe die Hörner auf die Rückseite der Tüte und die Ohren gleich hinter die Bodenfalte. Aus einer braunen Papiertüte kannst du eine braune Kuh basteln.

Die Katze und die Maus

Wahrscheinlich findest du auf einem Bauernhof neben Kühen auch noch andere Tiere in der Scheune. Mäuse richten sich dort gerne gemütlich ein. Bauern verlassen sich auf die Hilfe der Scheunenkatze, die dafür sorgen soll, dass die Mäuse verschwinden.
Doch das ist gar nicht so einfach!

So geht's:

Setzt euch im Kreis auf den Boden. Wählt einen Mitspieler aus, der die Rolle der Maus übernimmt. Die Maus geht außen um den Kreis herum, klopft jedem sachte auf den Kopf und sagt im Vorübergehen: „Maus". Schließlich berührt die Maus jemanden und sagt dabei: „Katze". Die Katze steht schnell auf und jagt die Maus um den Kreis herum. Sobald Katze und Maus an dem Platz ankommen, auf dem vorher die Maus gesessen hat, setzen sich beide hin. Wiederholt das Spiel so lange, bis jeder einmal Maus und/oder Katze war.

Bää-ä-ä, bää-ä-ä

Ein weibliches Schaf nennt man Mutterschaf, ein männliches Schaf nennt man Widder oder Schafbock. Und das Schafskind nennt man Lamm. Wenn ein Lamm blökt, klingt es wie „Bäää!"
Schafe haben ein dickes, wolliges Fell. Bauern schneiden oder scheren das Fell, und dann wird es zu Wolle gesponnen. Daraus werden Mäntel, Pullover, Mützen, Handschuhe und andere Kleidungsstücke hergestellt.
Stell dir vor, du bist ein Schaf und hast ein schweres Wollfell.
Das ist im Winter sehr schön, aber im Sommer würdest du dir gerne die Haare schneiden lassen, oder?

Komm, wir spielen!

Mariechen sagt

Das müsst ihr vorbereiten:

Sucht einen von euch aus, der Mariechen ist. Alle anderen sind Schafe.

So geht's:

Mariechen sagt allen Schafen, was sie tun sollen. So sagt Mariechen vielleicht: „Trabe wie ein Pferd", „Grunze wie ein Schwein" oder „Stolziere wie ein Hahn."
Wenn Mariechen vor ihren Anweisungen sagt: „Mariechen sagt", dann müssen alle Schafe das tun, was Mariechen anordnet.
Wenn Mariechen einfach nur ihre Anweisung gibt und vorher nichts sagt, dürfen die Schafe nicht gehorchen.
Schafe, die sich falsch verhalten, müssen eine Runde aussetzen.
Für jede Runde wird ein neues Mariechen ausgesucht.

Tipps:

Mariechen:

Sprich deutlich, sodass alle dich verstehen können, aber sprich schnell. Versuche, die Schafe hinters Licht zu führen, indem du sagst: „Mariechen sagt, fasst euch an die Nase." Dann fasst du dich aber nicht an die Nase, sondern ans Ohr.

Schafe:

Verlasst euch mehr auf eure Ohren als auf eure Augen.
Hört gut zu!

Komm, wir singen!

Mariechen hat ein kleines Schaf

(Melodie: „Jetzt fahrn wir übern See" oder Sprechgesang)

Mariechen hat ein kleines Schaf,

(an den Händen halten und in den Kreis gehen)

ein kleines, kleines Schaf,

(aus der Kreismitte herausgehen)

Mariechen hat ein kleines Schaf.

(in die Kreismitte gehen)

Schneeweiß, so war sein Fell.

(aus der Kreismitte gehen)

Das Schaf, das lief und hüpfte,

(Lämmersprünge machen)

hüpfte, hüpfte, hüpfte,
das Schaf, das lief
und hüpfte.
Schneeweiß,
so war sein Fell.

Komm, wir zeichnen!

Siehst du die einfachen Formen bei einem Schaf?
Zeichne selbst eins.

Tipp:

Um ein wolliges Schaf zu malen, solltest du mit einem Kreis beginnen und dann um den Kreis herum wellige Linien malen. Radiere den Kreis weg.

Weiches Schaf

Du brauchst:

- Bleistift
- weißes Papier
- evtl. Pauspapier oder Fotokopie der Schafskopf-Vorlage
- Kinderschere
- Filzstift mit feiner Spitze
- schwarzes Tonpapier
- Locher
- 1 kleinen weißen Pappteller
- Wolle
- Kleber
- große weiße Wattebäusche

So geht's:

1. Fertige eine Kopie des Schafskopfes an, entweder mit einem Fotokopierer oder mit Bleistift und Papier zum Durchpausen. Du kannst auch selbst einen Schafskopf zeichnen (S. 113). Schneide die Vorlage aus.
2. Male Augen, Mund und Nase mit einem Filzstift auf. Schneide die Füße des Schafs aus schwarzem Tonpapier aus.
3. Mache mit einem Locher ein Loch an die Oberkante eines Papptellers. Fädle einen Wollfaden hindurch, und verknote ihn. Das ist der Aufhänger.
4. Verteile Kleber auf dem Pappteller. Drücke Wattebäusche darauf. Klebe Füße und Kopf an.

Vorlage: Schafskopf

Pause die Vorlage auf ein Stück Papier ab, oder mache eine Fotokopie davon. Dann hast du deine eigene Bastelvorlage. (Bitte schneide diese Vorlage nicht aus dem Buch aus. Danke!)

Komm, wir lesen!

Maritgen Matter, Anke Faust: **Ein Schaf fürs Leben.**
Oetinger Verlag, 2003.

Meine erste Tierbibliothek: **Das Schaf.**
Esslinger Verlag, 2005.

Anu Stohner, Henrike Wilson: **Das Schaf Charlotte.**
Hanser Verlag, 2005.

Bockige Ziegen?

Weibliche Ziegen nennt man Geißen, männliche Ziegen heißen Ziegenböcke. Und die Ziegenkinder heißen Kitze.

Komm, wir singen!

Der Ziegenbock

(Melodie: „Es tanzt ein Bi-Ba-Butzemann“ oder Sprechgesang)

Es frisst ein Zi-Za-Ziegenbock die ganze Wiese kahl, auf einmal,
(mit den Fingern Hörner am Kopf machen)
es frisst ein Zi-Za-Ziegenbock die ganze Wiese kahl.
Er frisst ein Blatt
(Hand öffnen und schließen wie beim Essen)
und noch ein Blatt
und ist dann lange noch nicht satt.
(Bauch reiben)
Es frisst ein Zi-Za-Ziegenbock die ganze Wiese kahl.
(mit den Fingern Hörner am Kopf machen)

Komm, wir spielen!

Das Ziegenbockspiel

Das müsst ihr vorbereiten:

Zwei Kinder verwandeln sich in hungrige Ziegenböcke. Sie fassen sich an den Händen und heben sie in die Höhe wie eine Brücke. Alle anderen stellen sich hintereinander auf und gehen einer nach dem anderen unter der Brücke durch.

So geht's:

Alle Kinder singen das Lied „Der Ziegenbock" (S. 116). Dabei zieht die Schlange der Mitspieler unter der Ziegen-Brücke durch.
Am Ende des Liedes rufen alle: „Aber friss mich bitte nicht!"
Dabei senken die hungrigen Ziegenböcke ihre Arme und fangen ein Kind. Dieses Kind wird nun einer der beiden Ziegenböcke.
Das Spiel geht so lange weiter, bis alle Kinder einmal Ziegenbock spielen konnten.

Tipps:

Ziegenböcke:

Singt das Lied mal schneller und mal langsamer. So könnt ihr die anderen Spieler durcheinanderbringen. Singt langsam, wenn derjenige, den ihr fangen wollt, noch weit weg ist. Singt schneller, wenn derjenige, den ihr fangen wollt, näher kommt.

Spieler:

Geht schneller, wenn das Ende des Liedes näher rückt.

Komm, wir lesen!

Isabel Abedi, Silvio Neuendorf: **Blöde Ziege, Dumme Gans.**
Ars Edition, 2007.

Jean-François Noblet: **Meine erste Tier-Bibliothek – Die Ziege.**
Esslinger Verlag, 2006.

Marleen Westera: **Schaf und Ziege.**
Sauerländer Verlag, 2006.

Ziegenbock mit Bart

Du brauchst:

- 2 Pappteller ohne Plastikfolie
- schwarzen Filzstift
- Bleistift
- Wachsmaler
- Tacker
- Kinderschere

2. Schritt

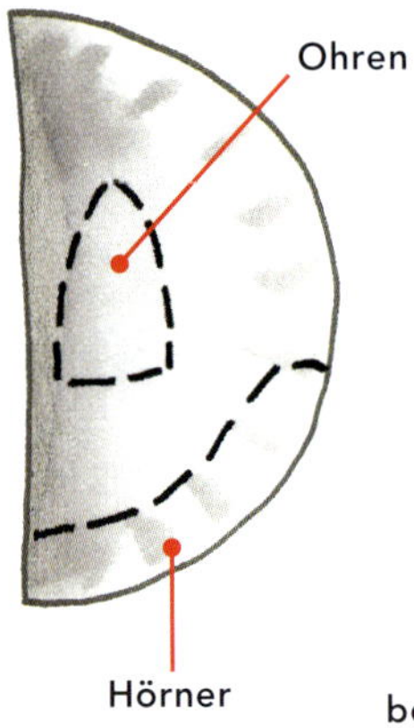

3. Schritt

4. Schritt

So geht's:

1. Für den Ziegenkopf faltest du die Seiten eines Papptellers nach hinten. Mit schwarzem Filzstift malst du Augen, eine Nase und einen Mund.
2. Falte den zweiten Pappteller auf die Hälfte. Male Ohren und Hörner, wie abgebildet (S. 118). Schneide sie aus. Dabei bleibt der Teller gefaltet, sodass du durch zwei Lagen Pappe schneiden musst.
3. Bemale das Gesicht und beide Seiten der Ohren mit Wachsmalern. Falte die Unterkante der Ohren und hefte sie an die Vorderseite des Ziegenkopfes. Hefte die Hörner an die Stelle, wo sie hingehören. Lege die nach hinten gefalteten Tellerränder auf der Rückseite des Ziegenkopfes aufeinander, und hefte sie zusammen, sodass ein Griff entsteht.
4. Schneide aus der Unterkante lange Zacken für den Ziegenbart.
5. Halte den Ziegenkopf am Griff fest, wenn du das Lied vom Ziegenbock singst (S. 116).

Komm, wir zeichnen!

Siehst du die einfachen Formen bei einer Ziege?

Versuche, unterschiedlich große Ziegen zu zeichnen.
Kannst du einen Ziegenbock, eine Geiß und ein Kitz zeichnen?
Viel Spaß dabei! Hebe dir die schönsten Ziegen für das Wandbild auf Seite 126 auf.

Koller, koller – ein Truthahn!

Truthähne halten die Bauern nicht wegen ihrer Federn oder der Eier – die meisten von ihnen landen im Magen hungriger Menschen. Heutzutage werden die meisten Truthähne, die wir essen, auf Truthahnfarmen gezüchtet. Übrigens heißen die weiblichen Tiere entweder Puten oder Truthennen, der Hahn heißt auch Puter. Und das kehlige Geräusch, das Puten und Puter von sich geben, nennt man „kollern".

Spannendes aus der Natur

Achtung, wütender Puter!

In Nordamerika gibt es auch Truthühner, die wild leben. Sie haben ein dunkles Federkleid, sodass sie in der waldigen Umgebung, in der sie normalerweise wohnen, kaum auffallen. Ihr federloser Kopf und der Kehllappen, der von ihrem Hals herabhängt, kann die Farbe ändern: von Grau zu Hellrot, Weiß und Blau. Was ist der Grund für diese Farbveränderungen? Nun, auf diese Weise zeigt der Puter, dass er aufgeregt oder ängstlich ist. Wie zeigst du Aufregung und Angst? Steigt dir eine leichte Röte ins Gesicht?

Komm, wir singen!

Was ist das?

(Melodie: „Auf unsrer Wiese gehet was" oder Sprechgesang)

(Kinder sitzen im Kreis, die Füße vor sich aufgestellt, unter den Knien ist die Truthahn-Fingerpuppe von S. 122 versteckt)

In unserm Garten hört man was:

(unter den Knien mit dem Truthahn watscheln)

kollernde Geräusche.
Das müsste wohl ein Truthahn sein,
wenn ich mich nicht täusche.
Kopf und Hals, die sind ganz kahl,

(Truthahn fliegt hervor und watschelt auf den Knien weiter)

ist für'n Truthahn völlig normal
– oder ist's 'ne Pute?

Komm, wir spielen!

Truthahnsuchen

So geht's:

Einer von euch spielt den Bauern. Der Bauer schließt die Augen und zählt bis zehn, während sich die anderen Kinder als Truthähne verstecken. Wenn der Bauer die Augen wieder öffnet, sucht er nach den Truthähnen und bringt sie wieder ins Gehege. Der letzte Truthahn, der gefunden wird, ist in der nächsten Runde der Bauer.

Tipps:

Wenn sich ein paar Truthähne einfach nicht entdecken lassen, können sie aus ihren sicheren Verstecken „kollern" und so dem Bauern helfen, sie zu finden.

Komm, wir zeichnen!

Siehst du die einfachen Formen bei einem Truthahn? Versuche, einen zu zeichnen.

Gib deinem Truthahn Beine. Probiere, ihm verschiedene Arten von Federn zu zeichnen. Versuche es mit gerundeten, spitzen, kurzen oder langen Federn. Viel Spaß dabei! Hebe dir die schönsten Truthähne für das Wandbild auf Seite 126 auf.

Truthahn als Fingerpuppe

Du brauchst:

- 2 kleine Pappteller (1½ für jede Puppe)
- braune Farbe in einem Deckel
- Pinsel oder Schwamm
- Kinderschere
- braunes, rotes und orangefarbenes Tonpapier
- Kleber
- Filzstifte oder Wackelaugen
- Tacker
- bunte Federn

So geht's:

1. Schneide einen Pappteller in der Mitte durch. Male die Rückseite von einer Tellerhälfte braun an. Lass die Farbe trocknen.
2. Schneide den Kopf des Truthahns (braun), den Schnabel (orange) und den Kehllappen (rot) aus Tonpapier aus. Klebe Schnabel und Kehllappen an den Kopf. Male die Augen mit Filzstift, oder klebe Wackelaugen auf.
3. Hefte die bemalte Tellerhälfte mit einem Tacker auf den anderen Teller, sodass die Oberseiten innen liegen.
4. Klebe Federn an die Oberkante des hinteren Tellers. Klebe den Kopf an die bemalte Tellerhälfte.
5. Bitte einen Erwachsenen, dir zu helfen, zwei Löcher in beide Teller zu schneiden. Schiebe deine Finger durch die Löcher. Das sind die Beine des Truthahns.

3. Schritt

4. Schritt

Komm, wir singen!

Ging ein Schweinchen Futter suchen

(Melodie: „Ging ein Weiblein Nüsse schütteln" oder Sprechgesang)

Ging ein Schweinchen Futter suchen, Futter suchen,
Futter suchen,

(Nase mit dem Finger hochschieben)

fand es einen großen Kuchen, großen Kuchen,
großen Kuchen – HAM!

(mit den Armen einen Kreis vor dem Bauch formen, der mit jedem „Kuchen" immer größer wird; bei HAM! nach dem Kuchen schnappen)

Ging ein Schweinchen Futter suchen, Futter suchen, Futter suchen,

(Nase mit dem Finger hoch schieben)

fand es einen großen Kuchen, großen Kuchen,
großen Kuchen – HAM!

(mit den Armen einen Kreis vor dem Bauch formen, der mit jedem „Kuchen" immer größer wird; bei HAM! in die Hände klatschen)

Futter für das Schwein

Schweine können nicht sehr gut sehen, aber zum Glück haben sie gute Ohren und gute Nasen. Mit seiner großen Schnauze kann ein Schwein essbare Sachen erschnüffeln, die unter der Erde vergraben sind und kann sie ausgraben. Meinst du, deine Nase würde sich zum Graben eignen?

Ein Schwein frisst fast alles. Manche Schweine bekommen eine Mischung aus Essensresten zu fressen. Stell dir deine Lieblingsessen vor, und dann stell dir vor, dass sie alle miteinander vermischt werden. Puuh!

Komm, wir lesen!

Ian Falconer: **Olivia.**
Oetinger Verlag, 2001.

Elke Loewe, Dieter Loewe: **Piggeldy und Frederick.**
Ravensburger Buchverlag, 2002.

David Wiesner: **Die drei Schweine.**
Carlsen Verlag, 2002.

Schwein als Handpuppe

Du brauchst:

- Kinderschere
- rosafarbenes Tonpapier
- Tacker
- 2 Pappteller
- Klebestift oder Flüssigkleber
- rosa Farbe in einem Deckel
- Pinsel oder Schwamm
- schwarzen Filzstift
- Pfeifenreiniger (10 cm für jede Puppe)
- Bleistift
- Klebeband

So geht's:

1. Bemale beide Pappteller auf der Rückseite mit rosa Farbe. Lass die Farbe trocknen. Schneide Ohren, Nase und Füße aus rosafarbenem Tonpapier zu.
2. Hefte Ohren und Füße an einen Pappteller. Klebe die Nase an. Male Augen und Nasenöffnungen mit schwarzem Filzstift.
3. Wickle den Pfeifenreiniger um einen Bleistift, sodass ein geringelter Schweineschwanz entsteht.
4. Bohre mit dem Bleistift vorsichtig ein Loch in den zweiten Pappteller. Schiebe das nicht geringelte Schwanzende durch das Loch, und befestige es auf der Innenseite des Tellers mit Klebeband.
5. Hefte Vorder- und Rückseite des Schweins mit dem Tacker zusammen. Lass am unteren Rand eine Lücke, durch die du deine Hand schieben kannst.

1. Schritt

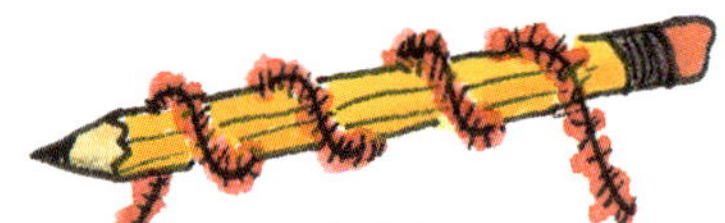

3. Schritt

4. Schritt

Die Arbeit auf dem Bauernhof – ein Hindernislauf

Ein Bauer hat so viel zu tun,
hat keine Zeit, sich auszuruh'n!

Bauern arbeiten sehr schwer. Viele Arbeiten wie das Kühemelken und das Einsammeln der Hühnereier müssen jeden Tag erledigt werden. Und alle Tiere müssen gefüttert werden und brauchen viel frisches Wasser zum Trinken.
Stell dir bei diesen Spielen vor, du bist ein Bauer und fütterst die Schweine und die anderen Tiere!

Das müsst ihr vorbereiten:

Zuerst müsst ihr die Stationen des Hindernisparcours aufbauen.

Schweine füttern: Füllt einen Eimer mit Bällen, das ist das Schweinefutter. Stellt einen leeren Eimer 5 bis 7 Meter davon entfernt auf, das ist der Schweinetrog.

Schafe zusammentreiben: Stellt vier Eimer hintereinander auf. Abstand zwischen den Eimern: 2 Meter.

Kuh mit dem Lasso fangen: Stellt zwei Plastikflaschen als Kühe im Abstand von 1,5 Metern auf. Macht einen Reifen aus Alufolie oder aus dem Rand eines Papptellers.

Eier sammeln: Füllt einen Eimer als Hühnernest mit Spielzeugeiern. Stellt in 7 Metern Entfernung einen leeren Eimer auf, in dem die Eier gesammelt werden.

So geht's:

Alle Kinder, die mitspielen, stellen sich hinter dem ersten Hindernis in einer Reihe auf. Wenn der Erste die Hälfte der Strecke hinter sich gebracht hat, startet der nächste Spieler. Wie schnell lassen sich die Arbeiten erledigen?

Schweine füttern: Nehmt einen Happen zu essen (Ball), lauft los, und legt ihn in den Schweinetrog.

Schafe zusammentreiben: Reitet auf einem Pferd, das ihr euch vorstellt, und treibt die Schafe um die Eimer herum.

Kuh mit dem Lasso fangen: Nehmt ein „Lasso" (Ring oder Reifen), und werft es über eine „Kuh" (Limonadeflasche).

Eier sammeln: Holt ein „Ei" aus dem „Nest", und lauft los, um es in den Sammeleimer zu werfen.

Variation:

Spielt in zwei Mannschaften auf zwei Strecken gegeneinander. Dann wird es noch spannender!

Wandbild vom Bauernhof

Ein Wandbild ist ein großes Bild, das du malst und an eine Wand hängst. Du kannst dafür alle Bilder von Bauernhoftieren verwenden, die du in diesem Kapitel gemalt hast.

Du kannst ein einzelnes Wandbild auf einer braunen Papiertüte malen oder ein Wandbild mit anderen Kindern zusammen auf einem langen Stück Packpapier oder Tapete. Du kannst nicht nur auf das Papier malen, sondern auch Bilder aufkleben, die du ausgeschnitten oder gemalt hast. Ebenso kannst du gebastelte Figuren aufkleben, die sich von der Papieroberfläche abheben. Außerdem kannst du alles hinzufügen, was dir einfällt, wie Blätter, Perlen usw.

Du brauchst:

- Kinderschere
- Einkaufstüte aus Papier oder Streifen Packpapier oder Tapete
- Farbe in Schraubdeckeln
- Plastikgabel
- Bastelstäbe oder Eisstiele
- Klebestift und/oder Flüssigkleber
- Tierbilder (gemalt oder aus alten Zeitschriften ausgeschnitten)
- Schwämme, Pinsel und andere Gegenstände zum Auftragen von Farbe
- Wattebäusche

So geht's:

1. Schneide eine Einkaufstüte aus Papier an der Klebenaht auf. Schneide den Boden aus.
2. Breite die Tasche aus. Die unbedruckte Seite liegt oben. Oder rolle das Packpapier/die Tapete aus.
3. Male Gras, indem du die Spitzen einer Plastikgabel in grüne Farbe tauchst und sie am unteren Rand auf das Papier drückst.
4. Eine Scheune machst du aus Bastelstäben oder Eisstielen, die du in Hausform auf das Papier klebst.
5. Male Tierbilder, oder schneide sie aus. Klebe sie auf dein Bild. Nimm dazu einen Klebestift.
6. Male den Hintergrund für dein Wandbild. Verwende unterschiedliche Gegenstände, um die Farbe aufzutragen: Schwämme, Wattebäusche, Flaschendeckel und Noppenfolie.
7. Für die Wolken klebst du Wattebäusche in das Bild. Wie viele Bauernhoftiere sind auf deinem Wandbild zu sehen?

Index

Literatur- und Internettipps

Literatur

Alins, Sonia; Ros, Jordina:
Zwischen KiGa und Grundschule. Kinder lernen spielend. Körper, Räume, Koordination. 4–7 J., Verlag an der Ruhr, 2005.
ISBN 978-3-8607-2971-7

Cornell, Joseph:
Mit Cornell die Natur erleben. Naturerfahrungsspiele für Kinder und Jugendliche. Für alle. Verlag an der Ruhr, 2006.
ISBN 978-3-8346-0076-9

Förster, Maria:
Tierforscher. Was Kinder wissen wollen. Bildung fängt im Kindergarten an. Don Bosco Verlag, 2003.
ISBN 978-3-7698-1408-8

Gibbs, Mary J.; Miller, Linda G.:
Die Kinder-Ideen-Kiste. Lernspielzeug – Bastelideen für wenig Geld und viel Lernerfolg. 3–7 J., Verlag an der Ruhr, 2006.
ISBN 978-3-8346-0052-3

Kroth, Martina; Lange, Monika:
Käfer, Katze und Kaninchen. Tiere zu Besuch im Klassenzimmer und Kindergarten zum Anfassen. Beobachten und spielerisch Kennenlernen. Ökotopia Verlag, 2003.
ISBN 978-3-936286-14-4

Preuß, Carola; Ruge, Klaus:
Hinhören lernen. Geräusche auf dem Bauernhof. CD mit Bildkarten. 4–10 J., Verlag an der Ruhr, 1998.
ISBN 978-3-8607-2351-7

Preuß, Carola; Ruge, Klaus:
Hinhören lernen. Geräusche im Zoo. CD mit Bildkarten.
4–12 J., Verlag an der Ruhr, 2000. ISBN 978-3-8607-2482-8

Internet

http://babyanimalz.com
Fotos von Tierbabys vieler Tierarten. Dazu kann man sich Tiergeräusche anhören und einfache Spiele spielen. Seite auf Englisch.

www.zoo-hannover.de
Unter dem Menüpunkt „Tiere & Attraktionen" gibt es viele Infos zu Tieren aus aller Welt.

www.kidsweb.de/basteln/basteln.htm
Schöne, meist einfach und günstig zu realisierende Bastelideen, auch schon für Kindergartenkinder. Mit PDF-Vorlagen zum Ausdrucken.

www.kleinkind-online.de/seiten/kinderlieder/index.htm
Hier finden Sie traditionelle Kinderlieder (Text, Noten, Melodie zum Anhören).

www.verlagruhr.de
Die in diesem Werk angegebenen Internetadressen haben wir geprüft (Stand März 2007). Da sich Internetadressen und deren Inhalte schnell verändern können, ist nicht auszuschließen, dass unter einer Adresse inzwischen ein ganz anderer Inhalt angeboten wird. Wir können daher für die angegebenen Internetseiten keine Verantwortung übernehmen.

Verlag an der Ruhr

Postfach 10 22 51
45422 Mülheim an der Ruhr

Alexanderstraße 54
45472 Mülheim an der Ruhr

Telefon 0208/49 50 40
Fax 0208/495 0 495

bestellung@verlagruhr.de
www.verlagruhr.de

Die Kinder-Lernwerkstatt

Frühling

Lernangebote für Kinder von 3 bis 6 Jahren
Christine Gerlach, Vivien Thiessen (Illustr.)
3–6 J., 58 S., A4, Paperback, zweifarbig
ISBN 9783834602459
Best.-Nr. 60245
14,50 € (D)/14,90 € (A)/25,90 CHF

Die Kinder-Lernwerkstatt

Herbst

Lernangebote für Kinder von 3 bis 6 Jahren
Christine Gerlach, Vivien Thiessen (Illustr.)
3–6 J., 58 S., A4, Heft, zweifarbig
ISBN 9783834602008
Best.-Nr. 60200
14,50 € (D)/14,90 € (A)/25,90 CHF

Kinder experimentieren

Wasserforscher und Luftikusse

Hilfen, Tipps und Anregungen für neugierige Kinder
Andrea Hündlings
4–7 J., 90 S., A4, Paperback
ISBN 9783834602374
Best.-Nr. 60237
19,– € (D)/19,50 € (A)/33,30 CHF

Das Portfolio-Konzept für Kita und Kindergarten

Antje Bostelmann (Hrsg.)
3–6 J., 129 S., A4, Paperback, vierfarbig
ISBN 9783834601995
Best.-Nr. 60199
19,50 € (D)/20,– € (A)/34,20 CHF

Bildungsabenteuer Kindergarten

Lernen in den sechs Bildungsbereichen – Erprobte Projekte zum Nachmachen
Antje Bostelmann (Hrsg.)
3–6 J., 114 S., A4, Paperback, vierfarbig
ISBN 9783834602466
Best.-Nr. 60246
19,50 € (D)/20,– € (A)/34,20 CHF

Das habe ich gemacht und ich kann noch mehr!

Ausstellungen und Präsentationen motivieren zum Weiterlernen
Carol Seefeldt
4–7 J., 131 S., A4, Paperback
ISBN 9783834600509
Best.-Nr. 60050
19,50 € (D)/20,– € (A)/34,20 CHF

Bildungsarbeit mit Kindern: Lernen ja – Verschulung nein!

Lothar Krappmann, Gerold Scholz (Hrsg.)
3–10 J., 129 S., 16 x 23 cm, Paperback
ISBN 9783834602114
Best.-Nr. 60211
9,80 € (D)/10,10 € (A)/17,30 CHF

Experimentieren • Entdecken • Natur • Lerndokumentation • Bildung